El Juego Interior del Estrés

Si este libro le ha interesado y desea que lo mantengamos
informado de nuestras publicaciones, puede escribirnos a
comunicacion@editorialsirio.com,
o bien registrarse en nuestra página web:
www.editorialsirio.com

Título original: THE INNER GAME OF STRESS
Traducido del inglés por Antonio Luis Gómez Molero
Diseño de portada: Editorial Sirio, S.A.
Imagen de cubierta: artSILENSEcom - Fotolia.com

© de la edición original
2009 W. Thimothy Gallwey, Edward S. Hanzelik M.D. y John Horton M.D.

La presente versión en español se ha realizado según acuerdo con Random House, un sello de
The Random House Publishing Group, una división de Random House, Inc.

© de las ilustraciones del interior
2009 Joan Swan

© de la presente edición
EDITORIAL SIRIO, S.A.

EDITORIAL SIRIO, S.A.	NIRVANA LIBROS S.A. DE C.V.	ED. SIRIO ARGENTINA
C/ Rosa de los Vientos, 64	Camino a Minas, 501	C/ Paracas 59
Pol. Ind. El Viso	Bodega nº 8,	1275- Capital Federal
29006-Málaga	Col. Lomas de Becerra	Buenos Aires
España	Del.: Alvaro Obregón	(Argentina)
	México D.F., 01280	

www.editorialsirio.com
sirio@editorialsirio.com

I.S.B.N.: 978-84-7808-897-3
Depósito Legal: MA-1734-2013

Impreso en Imagraf

W. TIMOTHY GALLWEY
con el Dr. Edd Hanzelik y el Dr. John Horton

El Juego Interior del Estrés

editorial irio

Dedicado a la gente del mundo
que busca estabilidad, tranquilidad y sabiduría
ante los retos de la vida

Prólogo

Lo que nos enseñaron nuestros pacientes

Doctores John Horton
y Edward Hanzelik

Los facultativos vemos a diario los efectos del estrés. El Instituto Americano del Estrés estima que este factor está presente entre el setenta y cinco y el noventa por ciento de todas las consultas a los médicos de atención primaria. La cifra no nos sorprende. A los investigadores les resulta difícil medir las consecuencias del estrés, pero los médicos sabemos intuitivamente y por experiencia que el estrés crónico causa estragos tanto a nivel mental como físico. Normalmente, aunque no le pongan un nombre, nuestros pacientes saben lo mal que se sienten cuando están estresados, y la mayoría es consciente del conjunto de síntomas que eso le provoca. En alguno puede ser dolor de cabeza y de hombros; en otro, náuseas, diarrea y molestias abdominales, y para un tercero, palpitaciones cardiacas, ansiedad y depresión. En determinados individuos el efecto es ligero. En otros, el estrés contribuye al desarrollo de una enfermedad potencialmente mortal.

La mayoría de nuestros pacientes comprende que el estrés que padecen en sus vidas se ha convertido en una carga física, pero por lo general piensan que no pueden hacer nada contra ello. Creen que las circunstancias externas determinan sus niveles de estrés, y que en ciertas situaciones es inevitable sentirlo. Han llegado a la conclusión de que lo único que pueden hacer es aceptarlo y sobrellevarlo. O bien se encuentran bloqueados y no ven cómo podrían cambiar sus actuales hábitos, circunstancias o reacciones emocionales.

Cuando comenzamos a ejercer la medicina, nos dimos cuenta de hasta qué punto afectaba el estrés a nuestros pacientes y esto nos animó a buscar una manera diferente de hacer frente al problema principal: el estrés en sí. Utilizamos la orientación psicológica y comprobamos que, en principio, era efectiva pero que necesitábamos algo más que palabras. Lo que les hacía falta a nuestros pacientes eran herramientas prácticas. Sin embargo, ¿qué herramientas podíamos proporcionarles como médicos?

Por regla general los profesionales buscan soluciones médicas a los problemas que encuentran: píldoras, cirugía o diferentes terapias. Pero estas estrategias no consiguen atajar del todo el estrés, precisamente porque no toman en cuenta qué es lo que lo activa. El sistema del estrés ha surgido como una reacción biológica para asegurar nuestra supervivencia en situaciones de peligro, pero en las personas que padecen de estrés crónico, se activa constantemente como respuesta ante los problemas cotidianos. Existe un gran número de pruebas científicas que demuestra que el estrés crónico es nocivo para la salud. Por ello, nos preguntamos cómo podríamos ayudar a nuestros pacientes a afrontar sus vidas sin activarlo una y otra vez.

Conocemos desde hace años a Tim Gallwey y admiramos su enfoque del aprendizaje y su énfasis en los recursos innatos del individuo. En su serie de libros del Juego Interior, Tim demuestra cómo es posible mantener el equilibrio ante la influencia de factores estresantes externos. Decidimos buscarlo y le hablamos sobre las posibilidades de aplicar los descubrimientos del Juego Interior a problemas sin resolver de la práctica médica.

Con su ayuda, les enseñamos a nuestros pacientes las herramientas del Juego Interior, mostrándoles cómo podían usarlas para prevenir el estrés crónico. Los fenomenales resultados que hemos logrado en los últimos doce años nos han impulsado a escribir este libro. De hecho en muchas ocasiones, tras finalizar un seminario sobre el estrés, algunos asistentes se acercaban para mostrar su agradecimiento y nos decían: «Deberíais escribir un libro acerca de esto».

Utilizando el Juego Interior hemos sido testigos de profundas mejoras en numerosos problemas agudos y crónicos de naturaleza médica y psicológica. Hemos descubierto que algo tan devastador y destructivo como el estrés puede ser controlado totalmente por el paciente. Hemos visto que dominando los principios del Juego Interior es posible evitar el estrés.

Nuestros pacientes mostraron su disposición a jugar un papel verdaderamente activo en un intento de prevenir enfermedades y eliminar el estrés. Nosotros, los médicos, dejamos de ser los expertos que poseen todo el conocimiento, prescriben recetas, dan instrucciones y exigen obediencia absoluta. Tuvimos que convertirnos en entrenadores personales, animar a nuestros pacientes a descubrir su propia fuerza y capacidad. Ahí es donde las estrategias del Juego Interior de Tim encajaban a la perfección con la práctica médica. Incluso los deportistas de élite disponen de entrenadores personales. ¿Por qué? Porque saben que el entrenador los apoya en su proceso de aprendizaje, además de ayudarles a ver detalles que ellos pasaron por alto y alentarlos a alcanzar mayores logros.

El médico desempeña un papel parecido: ayudar a los pacientes a descubrir su propia fuente de recursos, apoyar sus esfuerzos para restablecer la salud y animarlos a descubrir cómo pueden evitar los efectos perjudiciales del estrés. Nuestros pacientes nos enseñaron que podían aprender en muy poco tiempo a modificar el nivel de estrés que sufrían y a mejorar su bienestar general. Nos mostraron que, a menudo, la ayuda más eficaz que podíamos ofrecerles era el *coaching* personal.

Sabemos que puede resultar inconcebible afirmar que los seres humanos somos capaces de vivir sin estrés en medio de los conflictos que nos rodean. Sin embargo, no deja de asombrarnos el amplio abanico de recursos que todos poseemos y que es lo que nos permite vivir justamente de esa manera.

Agradecemos a nuestros pacientes todo lo que nos han enseñado. Con su ayuda aprendimos a descubrir cómo se puede disfrutar plenamente practicando la medicina. En las páginas de este libro encontrarás estrategias del Juego Interior, basadas en los conocimientos médicos actuales y en las historias de nuestros pacientes, que esperamos te ayuden a reducir significativamente tu nivel de estrés y a jugar en plena forma el juego de tu propia vida.

Introducción

El Juego Interior del Estrés

Una jugadora de golf de prestigio internacional vino a verme para recibir unas sesiones de coaching. Me contó que necesitaba ayuda con el estrés que sentía cuando jugaba los últimos hoyos de cualquier competición en la que se estuviera disputando un título.

—Las manos me empiezan a temblar, y dejo de sentir el tacto del palo —me explicó.

La sensación de presión se acentuaba porque si conseguía ganar solo dos torneos más, podría ser candidata a formar parte del Salón de la Fama del Golf.

Como era imposible recrear las condiciones del estrés que sufría, le hice dos preguntas sencillas:

—¿Cuál es el objetivo de jugar al golf? ¿Por qué juegas?

Su respuesta inicial fue clara y simple.

—El objetivo del golf es finalizar con tan pocos golpes como sea posible. ¿Por qué juego? Primero porque me encanta el entorno; segundo, porque me encanta competir, y tercero, porque me encanta poder expresar el talento que Dios me ha dado.

La observé atentamente mientras respondía.

—Por ahora no te tiemblan las manos —le dije. No parecía que estuviera produciéndose ningún cambio que fuera a afectar a su forma de jugar—. ¿Se te ocurre alguna otra razón por la que te hayas dedicado al golf? —pregunté.

Reflexionó unos instantes y exclamó:

—Sí, hay otras razones. En primer lugar, le debo algo al golf. Antes de dedicarme a él, yo no era nadie. El golf me ha hecho ser quien soy. Y otra: les debo algo a mis fieles seguidores, que confían en que compita por el título en cada uno de los torneos. —Se detuvo un momento, me miró y continuó—: Ahora están empezando a temblarme las manos, ¿verdad?

—Están temblando, sí —asentí.

Tan pronto como pasó de hablar de su amor al golf a centrarse en sus sentimientos sobre los juicios y expectativas de los demás, le resultó imposible evitar los nervios. Se estaba imaginando el futuro, el momento en que no pudiese mantener más tiempo la lealtad de sus seguidores ni su identidad como jugadora profesional de golf. Poseía una destreza extraordinaria, pero el estrés interno que sufría (el miedo a no ser capaz de dar la talla o de responder a las expectativas de los aficionados) le estaba causando estrés a nivel físico e impidiéndole jugar bien y disfrutar el juego.

Cuando empezó a ver lo que la bloqueaba, recuperó su compostura y empezó a hablar de todo el esfuerzo que se requería para mantenerse en plena forma y competir a nivel profesional. Parecía que estuviera planteándose seriamente si valía la pena seguir. Y decidió que sí. No ganó el próximo torneo que jugó, pero salió victoriosa en el siguiente. Su júbilo era evidente. Saltó literalmente de alegría y se zambulló en el lago que había junto al hoyo dieciocho.

Esta jugadora profesional de golf se estaba enfrentando a un dilema que nos afecta a todos: la distinción entre quienes somos y lo que hacemos. En la vida interpretamos diversos papeles (padre, esposa, golfista, ejecutivo...) pero la realidad exterior no es quien realmente somos. Una tarea del Juego Interior consiste en establecer esa distinción, y de esa manera permitirnos brillar sin el impedimento de conceptos y expectativas que no son coherentes con nuestro propósito. Cuando lo hacemos, podemos liberarnos del estrés y dar lo mejor de nosotros mismos, tanto en el campo de golf como en el trabajo o en la vida. Leyendo este libro encontrarás muchos ejemplos de personas que cambiaron su forma de pensar habitual, que inducía al estrés y no les permitía crecer. Esperamos que estos ejemplos te alienten a reflexionar y a descubrir tu propio camino hacia una vida libre de estrés.

ACERCA DEL JUEGO INTERIOR

Antes de seguir debería decir unas pocas palabras acerca del Juego Interior. Podemos afirmar que todos, lo sepamos o no, lo jugamos. Eso significa que mientras nos ocupamos de juegos *externos* (superar obstáculos en el mundo exterior para alcanzar metas exteriores), al mismo tiempo nos estamos enfrentando a obstáculos *internos*, como miedo, falta de seguridad en nosotros mismos, frustración, dolor y distracciones, que nos impiden expresar nuestro amplio abanico de potencialidades y disfrutar la vida al máximo. La premisa del Juego Interior (los principios, métodos y herramientas que ofrece para ayudar a las personas a ganar sus juegos interiores y exteriores) sigue siendo la misma: el éxito en la vida consiste en conseguir un equilibrio entre la atención que prestamos a ambos juegos.

En el corazón de la metodología del Juego Interior hay tres principios:

1. Ser conscientes sin juzgar.
2. Creer en nosotros mismos.
3. Elegir libre y conscientemente.

Originalmente apliqué la metodología de aprendizaje que surgía de estos principios al entrenamiento deportivo, y más tarde la usé en el ámbito de la empresa. Descubrí que la gente podía aprender a superar sus obstáculos internos. Sin instrucciones técnicas podían llegar a mejorar cualquier aptitud, desaprender hábitos mentales y físicos improductivos, y disfrutar mientras lo hacían. Ver cómo se repetía este proceso día tras día mientras entrenaba a deportistas y ejecutivos me proporcionó una profunda confianza en que cualquiera puede aprender de manera natural y llevar a cabo los cambios que crea convenientes en su vida.

Es indudable que los acontecimientos externos pueden propiciar el estrés. Por ejemplo, estar preocupado por la posibilidad de que te despidan del trabajo, una situación bastante corriente en estos días, es un gran factor estresante. La cuestión es: ¿puedes hacer una distinción entre tu trabajo y quien eres? Esta capacidad de distinguir entre identidad y circunstancia se puede aprender, y los beneficios de hacerlo te proporcionarán una claridad y una perspectiva que aliviarán el estrés y te ayudarán a lograr tus metas externas.

Dominar tu Juego Interior te permite atravesar los desafíos de la vida sin enfermar de estrés crónico. El secreto consiste en saber que puedes elegir cómo mirar a las circunstancias externas, cómo definirlas, qué significado atribuirles y cómo reaccionar a ellas mental y emocionalmente. Una creencia central del Juego Interior es que toda persona tiene la sabiduría interna para evitar dejarse arrastrar por las frustraciones y los miedos dentro del ciclo negativo del estrés.

Por ejemplo, mientras ayudaba a los jugadores de tenis a aprender a mejorar sus saques, reveses y servicios, en realidad les estaba ayudando a aprender de forma más eficaz en su interior. *Aprender a aprender* es más importante que aprender a golpear la pelota; aprender a superar el miedo es más importante que ganar cualquier partido. El arte de la relajación concentrada se puede aplicar a cualquier tarea dentro o fuera de la pista de tenis. De esta manera las lecciones del deporte adquirieron una importancia fundamental en la vida. Cuando se producía una auténtica conexión entre los juegos interior y exterior, el estrés descendía, el rendimiento mejoraba, el aprendizaje se producía de manera natural y se disfrutaba más la actividad. Algunos deportistas lo llaman «jugar en la zona». El Juego Interior consiste en aprender a jugar en nuestra zona en la vida diaria.

Otro valor único del modelo y las herramientas del Juego Interior es que aprovecha nuestra capacidad natural de satisfacer necesidades esenciales. El don humano de aprender puede durar toda una vida. Los niños aprenden a andar, hablar y jugar gracias a su capacidad de disfrutar y a su curiosidad. Estos procesos son naturales y agradables. Por eso, aprender a encontrar un equilibrio entre acelerar los motores para afrontar un problema y frenar para descansar y relajarnos también puede ser simple y divertido. Poseemos la capacidad natural de mantener la calma y la inteligencia en medio del bombardeo diario de dificultades que nos acosan desde el exterior. En un mundo como este, vale la pena desarrollar esta aptitud.

COLABORANDO CON LOS MÉDICOS

En los años setenta, cuando estaba escribiendo *El Juego Interior del tenis*, conocí a dos médicos extraordinarios, John Horton y Edd Hanzelik. Tuvimos muchas conversaciones acerca de nuestros respectivos trabajos y descubrimos que había grandes similitudes en nuestra manera de pensar. John y Edd se dedicaban a ejercer un tipo diferente de medicina, centrada en tratar a la persona de forma integral, que animaba al paciente a participar plenamente en su tratamiento y confiaba en la capacidad innata de sanación del cuerpo humano. Por aquella época, estos médicos estaban aprendiendo de sus pacientes que el estrés crónico era la causa de muchas enfermedades, por lo que buscaron maneras de ayudarles a eliminar el estrés que no se limitaran a la medicación. Descubrieron que los principios y herramientas del Juego Interior podían contribuir de forma significativa a satisfacer las necesidades de sus pacientes.

Cuando empecé a reunirme con Edd y John para hablar de la posibilidad de trabajar juntos en un seminario sobre estrés, comprendí que este era algo mucho más grave que una simple barrera en el rendimiento de deportistas o ejecutivos. Estaba más estrechamente ligado a los problemas médicos de lo que hasta entonces había pensado. De hecho, era una puerta abierta a la enfermedad: un factor crítico para un gran porcentaje de los pacientes que acudían a las consultas médicas.

Mientras me planteaba trabajar con los médicos, recordé que en una ocasión había ayudado a un oftalmólogo a diseñar un programa de entrenamiento para un problema específico y complejo de cirugía ocular. Sabía que tenía que echar mano de toda la sensatez de que disponía porque lo que estaba en juego eran globos oculares, no pelotas de tenis o egos. Y esa misma sensación de responsabilidad se hallaba presente mientras hablaba con los médicos acerca del estrés. La salud y la calidad de vida de los pacientes estaban en juego. Tenía la oportunidad de causar impacto en un ser humano a un nivel más profundo que el del rendimiento. Aceptar ese reto expandiría mi comprensión del Juego Interior.

Había además otros factores relacionados con el estrés que me ayudaron a decidirme a colaborar con Edd y John. Había descubierto que el estrés crónico era mucho más frecuente y perjudicial de lo que pensaba. Y parecía causado en gran medida por la manera en que las personas *percibían* los elementos y circunstancias de sus vidas, no por la realidad misma.

Aprendí que los remedios que ofrecía la comunidad médica para el estrés crónico consistían en medicamentos, y que por lo general no se prestaba atención a las causas del estrés. Otros remedios comunes, como el ejercicio, la dieta y el descanso, aunque en sí eran positivos, también fallaban porque seguían sin tener en cuenta la causa. Finalmente los médicos me pusieron al tanto de las últimas investigaciones, que respaldaban los principios y métodos fundamentales usados en el Juego Interior, y me ayudaron a entender que era posible acceder a un potencial humano que va más allá de la coordinación física o intelectual.

Empecé a ver que el Juego Interior podía tratar las causas perceptivas del miedo, la frustración y el dolor de una manera que ayudaría a la gente a aprender, a través de un agradable proceso de autodescubrimiento. La finalidad de este proceso, más que desprenderse del estrés, era el objetivo más positivo de construir una estabilidad interna dinámica, algo de un valor inherente para todos los seres humanos, no solo cuando se encuentran en un estado de estrés.

LA PROMESA DEL JUEGO INTERIOR

La estrategia principal de nuestros seminarios sobre el estrés ha sido ayudar a las personas a desarrollar una vida interior lo suficientemente estable para ser resiliente frente a los factores estresantes externos que inevitablemente se cruzan en nuestro camino. En este libro te ofreceremos el fruto de nuestros descubrimientos y nuestro conocimiento acerca de cómo adquirir esta estabilidad —y con ella la esperanza de que así puedas vivir tu vida sin los perniciosos efectos del estrés crónico.

En las siguientes páginas, John, Edd y yo te llevaremos en un viaje en el que podrás aprender a desarrollar el Juego Interior, mezclando mi trabajo con deportistas y ejecutivos con sus conocimientos y narraciones acerca de sus pacientes.

En la primera parte describiremos los principios del Juego Interior en el contexto del estrés, y te ayudaremos a que te hagas una idea de tu propio nivel de estrés. Descubrirás que el simple hecho de entender todo esto provoca un cambio en tu respuesta a él. Ahí es donde reside el atractivo del verdadero aprendizaje. No se trata de un proceso abstracto, sino que crea un cambio orgánico en la manera en que ves el mundo y reaccionas ante él.

En la segunda parte te ayudaremos a identificar las raíces de la estabilidad. Aquí no nos concentraremos tanto en el estrés que estás experimentando como en los recursos internos que posees que te permitirán mantenerte centrado ante él. O, como dijo uno de los participantes de nuestro seminario sobre el estrés: «Cuando la vida se vuelve contra ti, tú no tienes por qué castigarte».

La tercera parte consiste en la caja de herramientas del Juego Interior: ocho prácticos y eficaces utensilios que puedes emplear para incrementar tu estabilidad y combatir los factores estresantes diarios. Les he enseñado estas herramientas a deportistas y ejecutivos durante muchos años, y también las empleamos en nuestros seminarios. Puedes utilizarlas cuando te encuentres ante un reto particularmente difícil, o simplemente contar con ellas para aumentar tu fuerza durante tu vida diaria. Elige y usa la que se adecue a tus circunstancias. El simple hecho de saber que tienes a tu disposición un apoyo tan eficiente te dará más confianza y seguridad interior. Serás capaz de llevar a cabo los cambios que de verdad quieres hacer en tu vida.

Hemos incluido ejercicios a lo largo de todo el libro para que puedas aplicar lo que estamos diciendo a tu propia situación vital. Elige cómo deseas usar estos ejercicios. Podrías hacer algunos y marcar otros para regresar a ellos más tarde. También puedes escribir tus respuestas en un cuaderno mientras vas leyendo el libro. O únicamente leer los ejercicios y reflexionar sobre ellos. Esperamos que descubras tu propia forma de aprovecharlos de la manera que te resulte más conveniente para aplicar las enseñanzas que te ofrecemos a tus experiencias personales.

Una vez escuché cómo el padre de Tiger Woods le enseñaba a lidiar con el estrés mientras jugaba al golf. Le dijo que estaba bien sentir cualquier emoción en el campo de golf siempre que no la llevara encima durante más de diez pasos. Cuando pienso en él, la imagen que me viene a la mente es la de un Tiger Wood caminando hasta el *green*, tranquilo y confiado. Parece no ser consciente de la multitud, perfectamente instalado en la comodidad de su propia seguridad interior, impregnado de una serena energía y concentración. No se trata de no ser consciente de la multitud, ni de cortar la comunicación con ella. Se trata de ser capaz de estar a gusto dentro de tu propio pellejo y de no estorbarte a ti mismo. Todos podemos tener esta capacidad.

Primera parte

EL JUEGO DEL ESTRÉS

1

¿Quién necesita estrés?

«**E**stoy muy estresado!» Lo escuchamos mil veces al día. Se dice de formas diferentes en diferentes idiomas por todo el mundo. Aquí donde vivo, en California, el estrés es una manera de vivir. Nos preocupamos por incendios que devoran la belleza de la naturaleza, por temblores sísmicos y por inundaciones que destruyen hogares. Nos preocupamos por el precio de la gasolina, que está asfixiándonos debido a nuestra cultura basada en el coche. Nos preocupamos por la supervivencia económica, por los despidos, por la guerra, por la atención sanitaria... ¡Si quieres preocuparte, enhorabuena: te hallas en el siglo adecuado!

Para la mayoría resulta evidente que vivimos asediados por factores estresantes globales y cotidianos. El bombardeo de mensajes de los medios de comunicación que recibimos es como un ataque: colapso económico, ejecuciones hipotecarias, terrorismo, guerras, pérdidas de ahorros, hambre, bancarrota, desastres naturales e insuficiencia de sistemas sanitarios públicos. Estos mensajes acentúan el desgaste que sentimos a consecuencia de los factores estresantes ordinarios, como discusiones de pareja, problemas a la hora de educar a nuestros hijos, agotamiento en el trabajo, dificultades para llegar a final de mes, preocupaciones de salud, etc.

Desgraciadamente, el estrés se alimenta de estrés. Cuanto más estresado estás, más fácil es que hasta lo más nimio te afecte. La preocupación merma nuestra capacidad para pensar con claridad y ser productivos. Y eso, a su vez, nos estresa todavía más. De hecho, estamos tan acostumbrados a sentirnos estresados que hemos llegado a pensar que es un aspecto normal y corriente de nuestras vidas.

Sin embargo, el estrés no es normal. Se trata de un desequilibrio que sentimos en el cuerpo cuando el sistema de estrés se encuentra activado de manera permanente. Los factores desencadenantes pueden ser internos o externos, pero una cosa está clara: el estrés nos produce malestar, dificulta nuestra capacidad de actuar y suele ser perjudicial para nuestra salud física.

Uno de los pacientes de Edd Hanzelik dijo en una ocasión: «Creo que estar libre de estrés debe de ser una sensación muy rara». De hecho, la energía de un estilo de vida con un alto nivel de estrés puede llegar a resultar muy atractiva. Hay quien piensa que el estrés es beneficioso, que te motiva y te impulsa a superarte. Cuando entreno a ejecutivos de negocios, me encuentro con esa actitud a cada momento: «Para tener éxito has de ser más agresivo que la competencia. Debes esforzarte, tener una mentalidad de guerrero», me han llegado a decir. En nuestra sociedad rendimos culto a esa gente que vive exudando adrenalina pura, con los Smartphone sonando sin parar durante las dieciocho horas de su jornada laboral. Consideramos un mérito el hecho de ser capaz de sobrevivir con cuatro o cinco horas de sueño cada noche.

Nos hemos acostumbrado a ver el estrés como algo necesario e inevitable, pero en realidad es justo lo contrario. Nuestros cuerpos buscan homeostasis, equilibrio. Eso es lo natural, y lo que de verdad funciona. Del mismo modo, nuestras mentes necesitan estar equilibradas, no agitadas. Hay que tener muy claras las prioridades, y entre ellas está nuestro bienestar. La idea de que necesitamos estrés para rendir al máximo es un mito. De hecho, los estudios demuestran que el estrés crónico deteriora nuestra salud, ya que provoca enfermedades graves, e impide que rindamos satisfactoriamente.

Cuando vemos a individuos abrumados por grandes dificultades que mantienen la calma, nos quedamos impresionados. Durante la campaña de Barack Obama para las elecciones a la presidencia, la prensa se refería a él con el apodo «Obama sin drama». La serenidad que proyectaba su figura se convirtió en un rayo de esperanza a nivel mundial. Otro ejemplo extraordinario de esta actitud es Nelson Mandela. Tras pasar veintisiete años en una prisión de Sudáfrica, emergió para formar un gobierno con quienes lo habían encarcelado. Más tarde, refiriéndose a esa época, dijo lo siguiente: «En los presos políticos la decisión y la sabiduría se imponen al miedo y la fragilidad humana».

De alguna manera todos estamos aprisionados por las amenazas que nos rodean o por nuestras situaciones personales. Para algunos la enfermedad es su prisión. Para otros, la aflicción, la pobreza o las dificultades familiares se transforman en realidades que les impiden moverse. Ante esto, la pregunta que surge es: ¿cómo podemos acceder a nuestra propia determinación y sabiduría, y evitar que el desaliento y la desesperación nos abrumen? Del mismo modo en que el estrés produce más estrés, la esperanza y la sabiduría producen estabilidad y bienestar, sean cuales sean las circunstancias que se nos presenten.

PRESIÓN FRENTE A DESAFÍO

Podemos empezar por reconocer nuestra propia responsabilidad en la creación del estrés. Esto me recuerda una entrevista con un jugador de tenis brasileño relativamente desconocido llamado Gustavo Kuerten, que llegó a ganar tres veces el Open francés. Los reporteros, sorprendidos de que hubiese derrotado a jugadores de un nivel superior al suyo, le preguntaron:

—¿Cómo puede controlar toda esa presión?

Su respuesta fue:

—¿Qué presión? No es que controlara la presión, es que no la sentía.

Nadie pareció entender la respuesta. Los periodistas siguieron preguntándole:

—¿Cómo es posible que no sintiera presión en esas circunstancias?

Kuerten contestó:

—Lo pasé estupendamente. Me encantó jugar con esa gente y disfruté de lo lindo. No lo entiendo: ¿por qué tenía que sentir presión?

Obviamente, para los reporteros «presión» era una realidad que existía en los niveles más altos de la competición. Pero para Kuerten, *no era* una realidad. Lo que era real para él era que tenía la oportunidad de competir con los mejores jugadores del mundo y de disfrutar con ello. Estaba jugando con una mentalidad que potenciaba el disfrute y un rendimiento superior. En un estado mental como ese no hay mucho espacio para el estrés.

Quizá sería conveniente añadir que, tras ganar su primer Open francés en 1997, Kuerten no consiguió librarse del estrés. Su creciente popularidad en Brasil y las altas expectativas de sus seguidores provocaron en él algo que percibió como presión, y esto afectó a su rendimiento durante varios años. No consiguió volver a ganar otra vez el Open hasta el 2000.

La idea de que necesitamos presión para obtener el éxito es algo que nos inculcan durante la infancia. Desde que tenemos unos tres años, comienzan a presionarnos: camina más deprisa, habla más, hazlo mejor... Es un tema constante que se repite durante toda nuestra vida, ya que si no nos presionan otros, lo hacemos nosotros mismos. Nunca cesa. Sin embargo, a juzgar por mi experiencia, cuando dejas de presionarte

es cuando de verdad empiezas a tener éxito. Hay algo innato, algo que está dentro de todos nosotros, que quiere mejorar constantemente. Y aunque esto es un hecho, cuando estoy entrenando a ejecutivos les cuesta mucho llegar a entenderlo. La premisa del jefe es: «Si no los presionas, no sacan el trabajo adelante». Y los empleados dirán: «Si no *finjo* que estoy al límite de mis fuerzas, el jefe pensará que no me esfuerzo». Se trata de un ciclo vicioso improductivo.

Aquí es importante establecer una distinción entre presión y desafío. Cuando siento que tengo un desafío y lo acepto y me propongo afrontarlo lo mejor que pueda, por lo general no me estreso, pero puedo estar a la altura de las circunstancias. Estoy alerta, y puedo sacar provecho de mis capacidades. La presión, aunque la experimentamos en nuestro interior, se siente como si algo nos estuviera empujando desde el exterior. Satisfacer las expectativas de los demás se ha vuelto más importante que nuestro propio interés por superarnos. Con la presión viene el miedo al fracaso y el conflicto interno. Con la aceptación de un desafío, por el contrario, viene la concentración relajada, la claridad de intenciones y la capacidad de dar lo mejor de sí. Ambas posturas despiertan nuestra atención. Pero un desafío aceptado, aunque puede terminar produciendo cansancio, no acarrea los perniciosos efectos secundarios mentales y físicos del estrés.

Una vez entrené a los equipos de ventas de una excelente empresa de consultoría de la costa Este. Les expliqué a todos los equipos que el rendimiento no era el único «juego» al que estaban jugando. Tenían otros desafíos, entre ellos ver lo que eran capaces de aprender en el proceso de la venta y hasta qué punto podían disfrutar haciendo su cometido. Les sugerí que estos eran los tres elementos estables del trabajo: rendimiento, aprendizaje y disfrute.

Les recomendé que por el bien de la empresa, y por el suyo propio, trataran de encontrar un equilibrio entre estos tres objetivos. Lo que no sabía era que los miembros del equipo de ventas que tenía los peores resultados se tomaron a pecho mi sugerencia, ya que se sentían tan presionados para aumentar las ventas que no podían rendir más. El dirigente del equipo, decidido a corregir el desequilibrio, les dijo:

—Durante el próximo mes quiero que salgáis a la calle y disfrutéis y aprendáis todo lo que podáis acerca del cliente y de cómo ve nuestro producto y el de la competencia.

Resumiendo, su mensaje para lograr el equilibrio era: «Sed curiosos y pasadlo bien».

Todo esto lo supe un mes más tarde, cuando resultó que este equipo había pasado del último puesto en número de ventas al primero. Obviamente, cuando se eliminó la presión por rendir, lo que permaneció fue el desafío de rendir, como podía verse en sus resultados. Lo que quizá no comprendieron en ese momento fue que esa misma energía que habían puesto en ese enfoque sin presión podían volver a utilizarla cuando quisieran, sin necesidad de pasar por una situación de desgaste primero.

FICHA DEL PACIENTE

del doctor Edd Hanzelik

LA SEDUCCIÓN DEL ESTRÉS

Sam, de cincuenta y dos años, era un buen ejemplo de un hombre que dependía del estrés y a quien, al mismo tiempo, el estrés lo estaba matando. Empujado por su esposa y amigos, pidió de mala gana una cita para nuestra consulta. Sam tenía múltiples síntomas físicos, entre ellos dolores de cabeza, náuseas, dolor abdominal, vómitos ocasionales y una sensación convulsiva en su interior. Se resistía a ver a un médico porque le aterrorizaba la perspectiva de recibir un diagnóstico de cáncer o incluso de un tumor cerebral. Le sometí a una gran cantidad de pruebas y le hice un extenso examen sin encontrar una sola anormalidad física.

—¿Cómo es que me siento tan mal si todas las pruebas dan resultados normales? —me preguntó.

Cuando le sugerí que el estrés podía ser la causa de sus síntomas, se sorprendió y tomó una actitud ligeramente defensiva. Como otros muchos ejecutivos curtidos, Sam consideraba el estrés una parte necesaria de su vida laboral, algo que podía controlar. Su trabajo, que consistía en proveer servicios de negocios a la industria aeronáutica, era duro, había que trabajar muchas horas y tenía bastantes altibajos, pero así es como se ganaba la vida. En cierto sentido a Sam le daba más miedo perder su «ventaja del estrés» que los síntomas que padecía. No era el primer caso que veía. Algunos de nuestros pacientes llegan a describirse a sí mismos como «enganchados a la adrenalina» y aseguran que si no tienes problemas relacionados con el estrés, en tu ámbito laboral se da por hecho que no estás trabajando lo suficiente.

Sin embargo, el cuerpo humano no está preparado para aguantar el estrés crónico. El sistema de estrés es una reacción fisiológica innata que tiene como objeto asegurar nuestra supervivencia en situaciones de emergencia. Esta reacción no está diseñada para convertirse en un estado permanente. Cuando el sistema de estrés se activa, crea un desequilibrio químico; si no se restaura la homeostasis, el bienestar físico, mental, emocional y social se deteriora enormemente.

Tras unas sesiones de coaching, Sam aprendió que su estrés no le proporcionaba ninguna ventaja y que lo contrario de vivir con estrés no era ser un irresponsable, sino mantener el equilibrio en medio de toda la agitación de la vida y el trabajo.

Con el tiempo aceptó que el estrés estaba teniendo un impacto altamente negativo en su capacidad de rendimiento. Se volvió más abierto a aprender cómo podía mantener una sensación de bienestar, pasara lo que pasase a su alrededor.

—He descubierto que a veces tengo que decir no —reconoció—. He dejado de castigarme a mí mismo por no hacer las cosas mejor y ahora acepto que mi trabajo no tiene ninguna razón de ser si no puedo sentirme bien mientras lo estoy haciendo.

Ese fue un gran paso adelante para Sam, y tuvo un gran impacto en su situación médica.

En nuestra consulta hemos aprendido que el tipo de estrés más frecuente (el esfuerzo para adaptarse a presiones externas irracionales) suele ser el más letal. Esta clase de adaptación puede parecer irrelevante y muy normal, pero es obvio que tarde o temprano causa agotamiento, que a su vez provoca enfermedad. Por eso uno de los primeros datos que queremos saber de los nuevos pacientes es cuánta tensión sienten. No me sorprendió que con una reducción de la ansiedad y el estrés, los síntomas de Sam empezaran a aliviarse. El simple hecho de tomar conciencia de lo que sucede puede tener un impacto más significativo de lo que creemos. Pero la aceptación solo era el primer paso. Para superar el estrés hace falta un compromiso serio, y dependía de Sam decidir si se comprometía o no.

Los tres elementos del trabajo son interdependientes. Si, en el impulso hacia el rendimiento se ignora el aprendizaje, el rendimiento se resentirá inevitablemente. Del mismo modo, si el disfrute desaparece de la ecuación, tanto el aprendizaje como el rendimiento se verán afectados. Y esto es así en todas las actividades humanas.

¿TIENES ESTRÉS?

Antes de seguir me gustaría emplear unos momentos para medir la temperatura de tu estrés. La experiencia del estrés no es una abstracción. Este no es un libro sobre un concepto genérico llamado estrés. Es real y personal, y la forma en que sientas tu propio nivel de estrés le dará forma a la manera en que enfoques lo que estás leyendo. Además, como es perjudicial para tu salud, medirte la temperatura te dirá si tienes lo que llamamos «fiebre del estrés» y cómo de grave es esa fiebre.

En una hoja de papel responde a las siguientes preguntas:

1. Sin pensar mucho en ello, escribe un número entre cero y diez que refleje el nivel de estrés que has estado sintiendo últimamente.
2. Ahora haz una lista con todos los posibles factores que puedan contribuir a ese estrés. Califícalos con un número del uno al diez en razón de cuánto estrés te provocan. Por ejemplo:

   - El jefe imponiendo una fecha límite excesivamente ajustada: 7
   - Discusiones con un hijo adolescente: 5
   - No poder pagar la cuenta de la electricidad: 9
   - Padres mayores que necesitan hospitalización: 8
   - Hay que comprar un regalo de bodas para una amiga: 3

Tu lista puede ser larga o corta. Incluso los pequeños detalles pueden ser factores desencadenantes de estrés: como por ejemplo descubrir que te has quedado sin leche cuando tus hijos están pidiéndote los cereales para el desayuno. La suma de esos pequeños factores, día tras día, puede realmente afectarte.

3. Describe cómo te hacen sentir. ¿Cuáles son tus síntomas físicos, emocionales, mentales y sociales? Por ejemplo:

Síntomas físicos: palmas de las manos sudorosas, dolor de cabeza, dolor de estómago.

Síntomas emocionales: estar a punto de llorar, ganas de golpear la pared.

Síntomas mentales: confusión mental, incapacidad para concentrarse.

Síntomas sociales: te preocupa fallar en el trabajo y que tu jefe te juzgue, o incluso que llegue a despedirte.

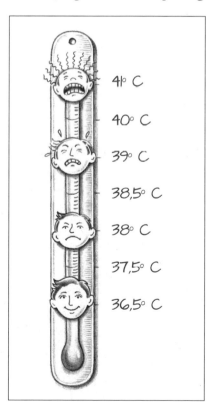

4. Después de reflexionar sobre tus respuestas y revisar las siguientes descripciones, sitúate en el termómetro del estrés.

36,5° Tu temperatura es «normal». Te sientes relajado, descansado y productivo. Disfrutas de tus momentos de ocio. Te tomas el tiempo necesario para reflexionar sobre lo que te está ocurriendo. Estás libre de síntomas relacionados con el estrés, física, mental, emocional y socialmente. Te sientes bien.

37,5° Tienes un estrés suave y algunos síntomas relacionados con él, como rigidez en los músculos inferiores del cuello o indigestión. Puede que te sientas un poco hiperactivo o ligeramente fatigado. Tu estrés no está interfiriendo en gran medida en tu capacidad de disfrutar, tu claridad o tu productividad.

38° Experimentas un estrés moderado. Te está afectando física, mental, emocional o socialmente. Te sientes un poco más fatigado. Las responsabilidades se perciben como cargas que podrían afectar a tu equilibrio general.

38,5° Sufres un estrés serio que te está afectando mucho. Tu cuerpo y tu mente muestran con claridad sus efectos. No puedes pensar con tanta claridad como antes. Te sientes moderadamente irritado, fatigado y agobiado gran parte del tiempo. Te preocupa pensar que no podrías soportar el peso de más cargas sobre tus hombros.

39° Te estás acercando a un nivel peligroso de estrés. Tu cuerpo y tu mente están seriamente afectados con síntomas relacionados con él. Un factor más de estrés y podrías derrumbarte. Te sientes exhausto la mayor parte del tiempo. Afrontar las responsabilidades cotidianas resulta especialmente desagradable. Consciente o inconscientemente estás buscando un escape.

$40°$ *o más.* Estás intoxicado con el estrés y padeces una enfermedad relacionada con él. Presentas muchos síntomas en tu cuerpo y mente que sabes que se deben a él. No ves cómo puedes detenerlo. Sientes miedo por lo que vaya a ocurrirte. Estás exhausto y descuidas tus responsabilidades. Necesitas fármacos para hacer frente al día a día y para poder dormir. Un factor más de estrés podría hundirte.

Normalmente si tienes fiebre te lo tomas en serio. Te quedas en casa descansando y no vas a trabajar. Si tu temperatura sube por encima de los 38 grados, buscas a un médico. No dices: «Voy a aguantarlo». Con la fiebre del estrés ocurre lo mismo, y sin embargo mucha gente piensa que puede aguantarla, ignorarla, tomar sustancias para sentirse mejor y adaptarse a ella. Cuanto más tiempo hayas padecido la fiebre del estrés, y más grave sea, más difícil te resultará poder desentenderte de ella.

Espero que este pequeño ejercicio te haya vuelto más consciente de cómo te está afectando tu agitada vida. Para superarlo necesitas una estrategia que es más profunda que la gestión del estrés. A ti no se te ocurriría «gestionar» una fiebre, y tampoco puedes gestionar el estrés. Sin embargo, sí que puedes superarlo.

JUGAR AL JUEGO INTERIOR TE OFRECE OTRA OPCIÓN

La mayoría de las conversaciones que escuchamos sobre el estrés están centradas en deshacerse de lo negativo. La gente dice: «El estrés es dañino» y también pregunta: «¿Cómo puedo deshacerme de él?». Pero, ¿realmente deseas que tu vida consista en deshacerse de lo negativo? Luchar contra el estrés, o incluso intentar controlarlo, no funciona. Necesitas establecer un objetivo más inteligente y positivo. El Juego Interior ofrece una opción diferente: enfocarte en lo que *sí* quieres.

La finalidad de jugar al Juego Interior es desarrollar una estabilidad interna que te permita rendir al máximo mientras evitas las consecuencias del estrés crónico. Con esta estabilidad puedes mantener el equilibrio, la claridad, la conciencia y la paz interior en medio de los múltiples desafíos impredecibles que presenta la vida.

Ejercicio: elige tu estrés

Revisa la lista de factores estresantes que escribiste al hacer el ejercicio del termómetro del estrés y elige uno o más para enfocarte en ellos mientras lees y realizas los ejercicios y aplicas las herramientas de este libro. Opta por aquellos que, al zanjarlos, podrían tener un impacto significativo en tu vida.

2

Nuestros dos «yoes»

El Juego Interior se basa en dos premisas. Primera, que todos poseemos más recursos internos de lo que creemos. Y segunda, que cuando intentamos acceder a esos recursos interferimos en nosotros mismos más de lo que nos gustaría admitir.

Llegué a esta conclusión hace muchos años, cuando era entrenador de tenis, y para mí fue la clave que desveló un gran misterio. ¿Por qué mis alumnos y yo jugábamos tan bien algunas veces y poco después volvíamos a caer en la mediocridad habitual? Tanto en mí como en ellos vi que se daba un diálogo interior continuo. Mientras la pelota se aproximaba, se producía un ataque de pensamientos en forma de autoinstrucciones: «Dobla las rodillas... Tienes que echar antes la raqueta para atrás, dale a la pelota cuando la tengas enfrente, haz el seguimiento... ¡Maldita sea! Fallaste... Mira a la pelota, mira a la pelota... ¡Qué vergüenza fallar eso!... Venga... Venga...».

Estaba claro que había dos «yoes» en la pista de tenis: el que realmente estaba jugando y el que le daba órdenes, juzgaba y se preocupaba. Al que se dedicaba a hablar lo llamé Yo 1: este era el ser ficticio (la falsa identidad) que estaba lleno de conceptos y expectativas acerca de lo que está bien y lo que está mal, lo que se debe hacer y lo que no se debe hacer, lo conveniente y lo inconveniente. Al ser que de verdad estaba jugando le llamé Yo 2. El problema en el tenis (y como he llegado a entender, en la vida) es que el Yo 1 era como una calculadora barata intentando llevar la voz cantante, y estorbando mientras tanto el funcionamiento de un superordenador de mil millones de euros, el Yo 2.

El Yo 1 estaba lleno de conceptos y expectativas procedentes de otras personas que generalmente expresaba con la voz de un sargento de instrucción. No sabía jugar a nada, pero ¡vaya si sabía criticar! El diálogo creaba un ambiente interno de tensión que al final repercutía de forma negativa en el objetivo de golpear bien la pelota. Cuanto más intervenía el Yo 1, peor jugaba el Yo 2.

Desde la perspectiva del Yo 1, aprender una nueva habilidad, como por ejemplo jugar al tenis, era algo difícil. Tenías que averiguar dónde poner el brazo, cómo colocarte en la posición adecuada y toda la técnica de los golpes. En el preciso momento en que comenzaba la autocrítica, se provocaba estrés, el golpe se torcía y esto afectaba a los resultados.

¿Dónde se encontraba el fallo? Empecé a pensar en la sabiduría natural del cuerpo. Me gusta describirla usando el ejemplo de cómo aprendemos a andar. ¿Qué sucedería si les enseñáramos a los niños a andar de la misma manera en que enseñamos a la gente a jugar al tenis? Puedes imaginarte las instrucciones: «Mantén el pie izquierdo paralelo al pie derecho... Levántalo del suelo a una altura de siete centímetros y medio... Ahora bájalo y colócalo a una distancia de siete centímetros y medio en dirección al frente mientras mueves el cuerpo hacia delante... Ahora levanta el pie derecho... Cuidado con los brazos... Deberían balancearse ligeramente hacia delante... No, no tanto...».

Parece una idea ridícula. No se aprende a andar con un conjunto de instrucciones y posturas. Es algo natural. Los niños se levantan, se mueven, se caen, se ponen de pie y lo intentan otra vez. No existe autocrítica, tan solo intentos y correcciones. En el aprendizaje natural hay simplicidad y alegría.

Mi objetivo como entrenador se convirtió en ayudar a mis alumnos a jugar al tenis ignorando la interferencia estresante del Yo 1 y recurriendo a sus capacidades naturales.

LA HISTORIA DE MOLLY: CUANDO IGNORAMOS AL YO 1

Mi experiencia con una mujer llamada Molly muestra lo que es posible cuando silenciamos al Yo 1. Tras la publicación de *El Juego Interior del tenis*, recibí una llamada de la cadena ABC TV. Querían venir a California y hacer un reportaje de veinte minutos sobre el Juego Interior que sería parte del conocido programa *Reasoner Report*. Harry Reasoner se mostraba escéptico sobre mi declaración de que cualquier persona podía aprender rápidamente a jugar al tenis fuera cual fuese su destreza o condición física. Quería probar esta teoría. El plan era encontrar a un grupo de personas que nunca hubieran tenido una raqueta en las manos y comprobar cuánto tenis podían aprender después de solo veinte minutos de entrenamiento del Juego Interior.

De todo este grupo el productor seleccionó a una mujer para la demostración televisada, que desde los primeros golpes daba toda la impresión de que *no* iba a tener éxito. Molly tenía unos cincuenta y tantos años, el pelo blanco, algo de sobrepeso y apareció con un vestido hawaiano largo, diciendo que no había hecho ningún ejercicio durante los últimos veinte años y que estaba segura de que nada en el mundo podría hacer que aprendiera a jugar al tenis.

Durante el calentamiento, Molly falló todas y cada una de las pelotas que le mandé. Se sentía comprensiblemente estresada —no quería aparecer en televisión haciendo algo que sabía que no se le daba bien—. Tengo que admitir que yo también me estresé un poco, porque esa mujer, con su largo vestido hawaiano, sosteniendo nerviosamente una raqueta, iba a ser la primera exposición del Juego Interior en la televisión nacional.

Tras darle una breve charla al grupo acerca del aprendizaje natural, le pedí a Molly que hiciera un sencillo ejercicio de concentración.

—Primero, te mandaré unas cuantas pelotas, y quiero que digas la palabra «bote» en el momento en que la pelota toca la pista, y «golpe» en el momento en que golpea la raqueta. No te preocupes de darle a la pelota, tan solo di «golpe» en el momento en el que *podrías* darle a la pelota.

Observé a Molly atentamente mientras ella miraba la pelota, y tras unos pocos momentos noté que se hallaba bastante centrada y relajada. Vi que estaba moviendo de forma inconsciente y casi imperceptible la raqueta en perfecta sincronización con la secuencia de «bote-golpe». Entonces le pedí que cuando se sintiera preparada golpeara la pelota.

Falló el primer golpe. La animé a no preocuparse y a seguir diciendo «bote-golpe» a tiempo, y ya no volvió a fallar ninguna pelota. No es solo que no fallara sino que su manera de golpear iba perfeccionándose a ojos vistas. Empezó con un simple movimiento de atrás adelante y en cinco minutos se movía con suavidad formando una trayectoria elíptica que, anteriormente, yo solo hubiera enseñado a mis alumnos principiantes tras unos cuantos meses de entrenamiento.

Después le pedí a Molly que simplemente escuchara con atención el sonido de la pelota en la raqueta sin decir «bote-golpe». Cuando llegó el momento de dar un revés, le di la instrucción de tan solo «escuchar por este lado durante unos momentos». Y lo hizo, además de lograr al mismo tiempo un revés cada vez mejor, sin ni siquiera saber que estaba golpeando de «revés». Mientras tanto, al ver que mantenía la concentración, le mandaba pelotas desde el fondo de la pista, aumentando la dificultad. En ningún momento la felicité por un buen golpe ni le di ninguna indicación de que había algo malo en los golpes que no mandaba por encima de la red.

Molly se hallaba claramente tan absorta en el proceso de bote-golpe que se olvidó de las tres cámaras de televisión que grababan cada uno de sus movimientos. Estaba relajada y pasándolo bien. Y yo me encontraba tan centrado en ella y en su aprendizaje que también me olvidé de las cámaras, y además perdí el sentido del tiempo. Quedaban solo tres minutos y Molly no había empezado a aprender a servir.

Le dije que el servicio era como una danza, y que podía contar la cadencia de mis movimientos. Me observó, cantando, «da, da, da», mientras yo sacaba unos cinco servicios. Luego le pedí que cerrara los ojos y se imaginara a sí misma sacando el servicio, y que continuara diciendo «da, da, da» al mismo tiempo que veía su imagen servir en la pantalla de su mente. Cuando comprobé que estaba relajada, y que de nuevo la raqueta empezaba a moverse como si contara la cadencia, le pedí que «se dejara» a sí misma golpear la pelota. Una vez más falló el primer golpe, pero después no volvió a hacerlo. Lo que me sorprendió sobremanera fue que Molly no solo no falló un servicio sino que se dieron en ella todos los elementos fundamentales de un buen saque. Su ritmo era natural y sincronizado. No había exceso de tensión en los músculos y sus movimientos solo podrían describirse como verdaderamente gráciles.

Los veinte minutos acabaron en seguida, y los productores de ABC querían que Molly jugara conmigo, sirviendo ella. Lo hicimos, y por lo general cada peloteo solía durar unas diez pelotas. En el más largo le dije que el juego se estaba alargando demasiado y que iba a empezar a golpear la pelota cada vez más fuerte, y eso fue lo que hice. Molly no mostraba signos de estrés. Al contrario, avanzaba hacia cada una de las pelotas que le lanzaba y las golpeaba de frente con una autoridad natural. Tras unos diecisiete golpes, finalmente atravesó toda la pista con su vestido hawaiano y se estiró para dar un derechazo que golpeó la parte alta de la red y cayó en mi lado de la pista, con lo que ganó el punto. Dio un salto en un ataque repentino de entusiasmo.

El reportaje de la lección terminaba con Molly dando a cámara lenta un golpe de derecho y otro de revés. Lo sorprendente es que la técnica de sus golpes era tan lograda que se podrían haber mostrado a principiantes para enseñarles cómo golpear una pelota de tenis. Pero había otra cosa que me sorprendía aun más, y era ver las cualidades humanas que los movimientos de Molly expresaban. Se percibía una concentración firme y una gracia que recordaba a la de un baile. Pero, además, también había paz, una tranquila seguridad y una alegría siempre presente al jugar que nada parecía perturbar, ni siquiera el fallar un golpe. El Yo 2 de Molly nos mostraba el aspecto que podía llegar a tener el aprendizaje natural, algo que no puede ser enseñado. Era poesía en movimiento.

Hay muchas formas de explicar la actuación de esta principiante. Una es que Molly centró de tal manera su atención en el presente que simplemente no quedaba espacio para las instrucciones y juicios estresantes del Yo 1, con su fijación en lo que está bien y lo que está mal. Es más, el Yo 2, de una manera infantil pero bastante astuta, encontró la oportunidad de poder expresar un talento que ella no sabía que poseía. Otra manera de explicarlo es que Molly permaneció en un estado de concentración relajada durante toda la lección, ya que el entorno de aprendizaje era lo suficientemente seguro (libre de críticas) para que su sistema de estrés no se activara en ningún momento a pesar de todas las razones que hubiera podido tener para sentirse estresada. Era un ejemplo extraordinario de silenciar al Yo 1 para que los recursos internos del Yo 2 pudieran manifestarse.

Por cierto, si quieres ver la demostración de Molly, está disponible en You Tube y en la web del Juego Interior (www. innergameofstress.com).

ESTRÉS Y LA EXPERIENCIA «AH-OH»

Un día, mientras reflexionaba sobre la relación entre el Yo 1 y el Yo 2 en el tenis, advertí un ciclo de reacciones que llamé la experiencia «ah-oh». Este ciclo también puede aplicarse a muchas de las reacciones de estrés que experimentamos en la vida diaria.

Si el ciclo tiene un principio, es la manera en que el Yo 1 interpreta la situación que está percibiendo. Digamos que a un tenista le falta seguridad en su revés. Durante un partido, ve cómo la pelota se se dirige al lado de su revés. El Yo 1 no ve una *pelota*, ve una *amenaza* acercándose a su punto débil. Esta percepción de la pelota basada en el miedo es suficiente para activar el sistema de estrés, con todas sus reacciones fisiológicas, entre ellas las de paralizarse, huir y luchar —a veces las tres de un solo golpe.

Quizá la reacción inicial del jugador sea quedarse *paralizado*: un momento de duda en el que no hay ninguna acción. A esto le suele seguir rápidamente una *huida*, o respuesta defensiva: el jugador se echa hacia atrás tratando de eludir el inevitable fallo. Y, cuando ya no hay más elección, piensa: «¡Debo golpear esta pelota que tengo delante! Apoyar todo mi peso en el pie adelantado, ah-oh, mi oponente está corriendo hacia la red». En ese momento golpea la pelota agresivamente con los músculos demasiado tensos en un movimiento torpe de *lucha*.

De manera que la distorsión de la percepción provoca una distorsión de la respuesta, lo que a su vez termina provocando una distorsión de los resultados. Cuando un jugador ve salir un «golpe malo» de su raqueta, se produce el paso final del ciclo. El Yo 1 dice: «Mi revés es espantoso», confirmando así esa primera distorsión de la percepción, que inevitablemente termina convirtiéndose en realidad. Después de esto el próximo revés con el que se enfrente va a parecerle una amenaza todavía

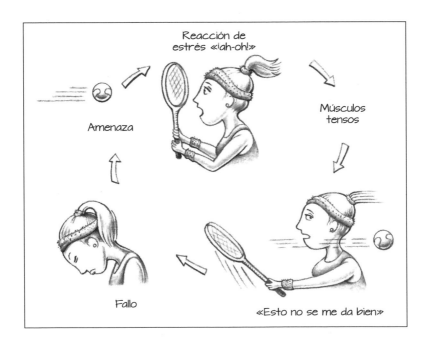

más terrible. Este ciclo puede continuar fácilmente hasta que se convierte en un patrón, en parte de cómo se ve a sí mismo como jugador de tenis.

Un detalle interesante sobre este ciclo es que detrás de él tenemos a un Yo 2 altamente capacitado, haciendo todo lo posible para obtener un buen resultado a pesar de la interferencia de las distorsiones del Yo 1. Está representando al pie de la letra el drama que la percepción del Yo 1 le muestra. Incluso un jugador competente puede tender a imaginarse ciertos golpes como amenazas y sufrir la suficiente interferencia del Yo 1 para que se provoque estrés, se dé una ligera distorsión en el golpe y se produzca un fallo. Solo es cuestión de en qué medida sucede.

Está claro que este ciclo «ah-oh» se puede recrear en situaciones que no tienen nada que ver con el tenis. Imagina los ciclos de «ah-oh» provocados por un jefe irritado, un hijo

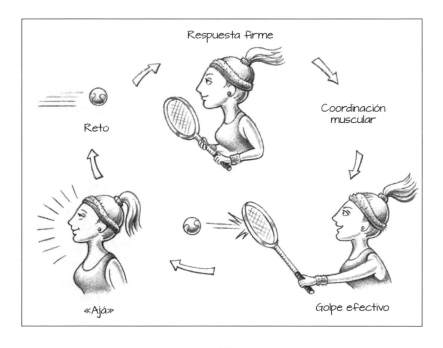

Respuesta firme

Reto

Coordinación muscular

«Ajá»

Golpe efectivo

desobediente, una pareja que se queja constantemente, un problema que parece no tener solución, el hundimiento del mercado de valores, otro proyecto apilado en la larguísima lista de tareas por hacer, una opinión que contradice la nuestra, la pérdida de un ser querido o cualquier cambio inesperado. Todo esto son circunstancias externas que te van sucediendo, y es muy fácil percibirlas como amenazas y poner en marcha el ciclo «ah-oh».

Por otro lado también podrías percibirlas como retos definidos que aumentan tu concentración e inspiran una respuesta creativa. De esta manera el mismo ciclo se convierte en una experiencia de aprendizaje: un «Ajá» en lugar de un «ah-oh».

Ejercicio: identificar la interpretación del Yo 1

Elige una de las situaciones estresantes que describiste en el ejercicio del termómetro del estrés del primer capítulo. Escribe entre tres y cinco ejemplos de la interpretación del Yo 1: el comentario interno que hace que la situación parezca amenazadora.

ENTONCES, ¿QUÉ «YO» SOY YO?

La historia de David es un ejemplo estupendo de la coexistencia de nuestros dos yoes. David fue voluntario en una demostración de aprendizaje y entrenamiento del Juego Interior. Expresó su problema de una manera clara y decidida: «Tengo una bolea de revés muy defensiva», con la total seguridad de saber de lo que hablaba. Le pedí que se acercara a la red para verlo con mis propios ojos, pensando que, al ser un jugador de nivel medio, probablemente estaría exagerando. Pero cuando le vi retroceder en los golpes y devolver de un torpe manotazo los reveses que le mandaba, le dije:

—Es verdad, es una de las voleas más defensivas que he visto nunca.

David parecía aliviado al ver que el entrenador había visto y reconocido su problema. Pero entonces le dije:

—Puedo ver por qué no te gusta ese golpe, pero lo que no sé es cómo te gustaría darlo.

Él empezó a explicarme:

—Bueno, me gustaría que fuera más potente...

Le interrumpí, diciéndole:

—No, no me digas cómo, muéstramelo. Muéstrame cómo te gustaría golpear la pelota algún día, y así, a lo mejor, puedo entrenarte para conseguir ese objetivo.

David se tomó mi petición en serio y empezó a enseñarme. Las primeras pelotas las golpeó de frente como nunca lo había hecho hasta entonces, y luego dijo:

—No, así no... Más bien así.

En este punto comenzó a hacer voleas de revés con enorme fuerza y a mandar la pelota con furia a las esquinas, pero en todo momento desde la perspectiva de que tan solo me estaba mostrando lo que le gustaría. Pronto el público empezó a reír, el «encantamiento» estaba a punto de romperse. Le indiqué:

—David, es una pena que en estos momentos no puedas hacer voleas de revés como esas.

En seguida volvió a sus golpes defensivos del principio. Le dije:

—Es verdad, así es como lo *haces*, pero muéstrame otra vez cómo te *gustaría* hacerlo.

Sus potentes voleas de revés volvieron a aparecer con la misma rapidez con la que habían desaparecido.

—Así... Y así...

Cada vez que se sorprendía a sí mismo haciendo voleas que «sabía» que no podía hacer, comenzaba a golpear la pelota como antes. Cambió unas cuantas veces de un estilo al otro, era como la noche y el día.

Terminé la demostración y David se me acercó cabizbajo. Cuando llegó hasta mí, se detuvo, me miró a los ojos y con una voz ligeramente trémula dijo:

—¿Quién soy yo, entonces?

Su confusión era evidente. Parecía que hubiera dos personas dentro de él. ¿Era el individuo que durante veinte años se había «demostrado» a sí mismo y a los demás que tenía una volea defensiva, o era el que durante unos cuantos minutos mostró que podía hacer voleas de revés potentes y agresivas?

—Eso lo decides tú —fue lo único que se me ocurrió decirle en ese momento.

Obviamente el cuerpo de David era capaz de hacer lo que él creía que no podía. Al ser un jugador con experiencia, debía de tener grabada en su mente una imagen clara de una volea de revés potente. Sin embargo, cuando actuaba bajo el estrés no podía conectar con esa imagen.

No todos los resultados de las demostraciones eran tan extraordinarios. Pero, expresándolo en mi lenguaje diría que el Yo 1 había convencido por completo a David de que tenía una volea de revés muy defensiva. A pesar de eso, el Yo 2 estaba siempre ahí, preparado para intervenir en cuanto David cambiara de circuito. El Yo 1 nunca le había dicho que no podía *mostrarme* cómo le gustaría darle a la bola. Parecía una demanda razonable. Por eso lo hizo. Circunvaló el circuito del estrés y en seguida pudo acceder al Yo 2. Pese a que este cambio se produjo de inmediato, obviamente a David le iba a llevar algún tiempo transformar esa volea en un arma con la que pudiera contar, pero por lo menos ahora sabía que estaba allí.

FICHA DEL PACIENTE

del doctor Edd Hanzelik

PÉRDIDA DEL SER

Una paciente, Brenda, pasaba gran parte del tiempo enferma. Iba de una dolencia a otra: alergias, fatiga, malestar digestivo, dolores de cabeza... Se hallaba en un estado de enfermedad permanente, y por más que me esforzaba no conseguí ninguna mejora.

Un día se presentó en la clínica acompañada por su madre, una señora mayor de gran carácter y muy locuaz. Se empeñó en hacernos saber a todos los que estábamos en la clínica que Brenda estuvo obsesionada con la música en su niñez. Lo único que quería era tocar música. Pero por suerte, dijo, ella había conseguido convencerla de que aquello no tenía futuro y de que se dedicase al mundo de los negocios.

—Miradla ahora —exclamó en voz alta señalando a la frágil, enfermiza figura de su hija—. Es encargada de oficina, tiene un buen sueldo y una casa hermosa. Hice un buen trabajo con ella.

En ese momento pudimos ver que Brenda pasaba sus días encargándose de hacer que una oficina funcionara cuando lo que ella quería hacer era dedicarse a la música. Y de repente se abrió una posible senda hacia la sanación. ¿Había alguna duda de que la enfermedad crónica de Brenda guardaba relación con la pérdida de su verdadero ser? Causaba tristeza ver cómo esta joven había renunciado a sus propias necesidades y deseos: era eso lo que la enfermaba.

Le pregunté si todavía tocaba algún instrumento por diversión, y me contestó que no disponía de mucho tiempo para eso. Después pasó a hacerme el recuento de sus múltiples obligaciones. Como coach, examiné con ella la posibilidad de que reservara algún tiempo para volver a tocar. Brenda puso la idea en práctica rápidamente. Decidimos que debería tomarlo como un ejercicio, no para los músculos de su cuerpo, sino para los de su mente y su espíritu.

La siguiente vez que Brenda vino a la clínica parecía más alegre, más llena de vida. Había empezado a sentirse mejor, y me contó muy entusiasmada que iba a formar parte de un grupo musical solo por diversión. Me dio mucha alegría ver cómo salía de su estrés y entraba en el terreno de la libertad y el gozo, donde la salud y el bienestar se encuentran más presentes. El simple hecho de darte gusto a ti mismo, de pasar tiempo haciendo algo que te gratifica y divierte, puede abrir las puertas a la sanación. No es magia, sino el principio de todo.

El Yo 1 acumula capas de juicios y miedo, lo mismo que un mueble que se pinta y se barniza muchas veces. Viene un restaurador y empieza a desbastar las capas. Está buscando el acabado original. De igual modo, a lo largo de una vida, preocupaciones, críticas y miedos se van acumulando, y surge la pregunta: ¿quién es el ser original? ¿Qué encuentras cuando eliminas todos los conceptos creados por el Yo 1?

Con los años he visto que las personas tenemos capacidades internas superiores que son naturales y productivas. Sin embargo, cuando el Yo 1 domina nuestras vidas no siempre podemos acceder a ellas. Cuando empecé a trabajar con los médicos usando las técnicas del Juego Interior para tratar el estrés, fue como descubrir la veta del Yo 1. En nuestros seminarios para tratar el estrés la mayoría de las personas entiende que no tiene por qué sufrir esas emociones negativas ni dejar que afecten a su rendimiento. No obstante, a algunos les cuesta mucho desprenderse de los hábitos de pensamiento del Yo 1 y ser ellos mismos.

CAPACIDADES INNATAS: LAS CUALIDADES DE TU YO 2

Una de las primeras preguntas que hacemos en los seminarios sobre estrés es: «¿Cuáles son las capacidades innatas a las que recurres para que te ayuden en las situaciones difíciles y que además puedes usar durante tu vida diaria?». Ofrecemos tres pautas para establecerlas:

1. Son cualidades que los niños poseen.
2. Admiramos estas cualidades cuando las vemos en otras personas.
3. Nos gustan cuando las vemos en nosotros mismos.

Con el transcurso de los años he podido constatar una similitud sorprendente entre los conjuntos de capacidades y potenciales humanos que proponen los participantes. He aquí un resumen de lo que dicen:

- Ser consciente y sentir.
- Valor y fuerza.
- Compromiso y decisión.
- Amar y ser bondadoso.
- Esperanza y fe.
- Aprender, entender y encontrar claridad.
- Ser creativo y curioso.
- Ser espontáneo y sincero.
- Ser feliz y estar satisfecho.

Muchos participantes aseguran que no sabían que tenían tantas capacidades inherentes y positivas, pero la verdad es que los seres humanos estamos programados para preferir estabilidad, claridad y paz a estrés, miedo y frustración. Y todos podemos desarrollar estas capacidades por medio de la reflexión y el autodescubrimiento.

Por supuesto, no todo el estrés tiene que ver con lo que hacemos. Existe el estrés de perder (o temer la pérdida de) algo que tiene un gran valor para nosotros, o el producido por los conflictos que surgen en las relaciones. Este es el estrés que viene de sentirse incapaz de controlar el medio o las circunstancias. Estos factores estresantes forman parte de las vidas de todas las personas. La diferencia es si te relacionas con ellos desde la perspectiva del Yo 1 o del Yo 2. Este último es real, mientras que el primero es fundamentalmente de naturaleza ilusoria. Pero se trata de una ilusión que puede llevar las riendas de nuestras vidas, si la dejamos. A veces no está del todo claro cuál es el ser real y cuál el ilusorio, por eso las herramientas del Juego Interior pueden ayudarnos a establecer esta importante distinción. Se trata de una distinción basada en sensaciones, no en conceptos ni en creencias.

3

Conoce a tu creador de estrés

En nuestros seminarios de estrés nos referimos al Yo 1 como el «creador de estrés». Esta voz desagradable que escuchamos en nuestras mentes puede crear agitación en cualquier situación en la que nos encontremos. Como he descrito con anterioridad, el creador de estrés es una presencia muy conocida en el campo de golf. Hay pocos juegos que puedan sacar tanto a la luz nuestros demonios interiores como el golf. Siempre me resulta gracioso ver a mujeres y hombres crecidos (y yo el primero) tomándose tan a pecho golpear una bola blanca con un extraño palo para mandarla dentro de un pequeño agujero. Pero la mayoría lo hacemos.

Hace poco estuve entrenando a Charlie, un afable ejecutivo que parecía relajado y feliz de estar en el campo de golf. Era un buen jugador. Mientras Charlie estaba delante de la bola parecía bastante relajado y equilibrado. De hecho, durante el *backswing* y cuando empezaba a bajar el palo mantenía la compostura. Pero conforme el palo se acercaba a golpear la bola, su expresión se transformaba en una mueca tensa que parecía casi violenta y asustada a la vez. Era como si durante unas décimas de segundo fuera una persona distinta. Me preguntaba: «¿Quién es este hombre? ¿A dónde se fue Charlie?». Luego, apenas terminaba de golpear la bola, volvía a aparecer otra vez su expresión relajada.

Le pregunté si notaba algún cambio en relación con sus labios cuando estaba haciendo el *swing*. Durante los próximos *swings* puso su atención en ese detalle. Se sintió un poco avergonzado por lo que observó, y con una sonrisa tímida me dijo que se había dado cuenta de que tenía los labios tensos.

Señalé a su rostro risueño:

—¿Qué crees que pasaría si dejaras que Charlie golpeara la bola? *Este* Charlie. No la persona asustada que ha estado golpeándola hasta ahora. Me gustaría saber qué pasaría.

Charlie me entendió, pero la idea parecía inquietarle.

—No sé –dijo–. Casi no me atrevo. Si este Charlie golpea la bola, me temo que será un golpe muy flojo.

No me pareció necesario preguntar por qué se había producido ese cambio. Tan solo quería que fuera más consciente y viera lo que sucedía.

—Bueno, vamos a dejar que la golpee Charlie y a ver cómo de flojo es el golpe –le sugerí.

Durante los siguientes golpes la mueca de Charlie fue poco a poco desapareciendo mientras veía sorprendido que las bolas iban más lejos y más directas que antes.

Este caso es un buen ejemplo de lo que puede ocurrir en un momento de estrés. El Yo 1, el creador de estrés, se imaginaba el instante de golpear la bola como una amenaza a su éxito. Esta imagen era suficiente para causar una reacción física y una interrupción en el fluido movimiento del *swing* que el Yo 2 estaba ejecutando. El único objetivo del Juego Interior es sortear al creador de estrés para que el Yo 2 pueda brillar en todo su esplendor.

LA VOZ DEL CREADOR DE ESTRÉS

¿Cuál es el creador de estrés en tu vida? ¿Qué aspecto tiene? Lo que aquí estamos llamando creador de estrés también puede denominarse miedo, duda, confusión e ignorancia. Todos tenemos momentos en que somos capaces de lidiar con los factores estresantes de la vida sin desmoronarnos mientras que en otras ocasiones el estrés nos vence. La diferencia no estriba solo en el nivel de gravedad del factor, o en el grado de estabilidad que tengamos en ese momento. También depende en gran medida de lo mucho que nos dejamos influenciar por las voces del creador de estrés. ¿Puedes reconocer la voz de *tu* creador de estrés en lo siguiente?

El creador de estrés es un usurpador de identidad

Se expresa como si estuviera hablando con tu voz. Por ejemplo: «Qué estúpido soy... No puedo hacerlo... Soy un fracasado... Nadie me quiere... No valgo nada...». El creador de estrés emite juicios con tanta autoridad y te conoce tan bien que erróneamente aceptas sus palabras como una valoración acertada de ti mismo, cuando en realidad no te está diciendo la verdad.

FICHA DEL PACIENTE

del doctor Edd Hanzelik

USURPACIÓN DE IDENTIDAD

Cuando Ruth, una mujer de unos treinta y tantos años, vino a mi clínica por primera vez, tenía una angustia tan grande por lo infeliz que se sentía que había llegado a pensar en suicidarse. Aparentemente, Ruth tenía todos los motivos del mundo para ser feliz, pero no podía encontrar lo que estaba buscando en la vida. Se hallaba consumida por un despiadado diálogo interno dirigido por el creador de estrés.

—Yo me odio —afirmó abatida en nuestra primera consulta.

—Espera un momento —dije, cortándola en seco—. ¿Quién es yo?

—Yo soy yo —respondió con expresión perpleja.

—¿Estás segura de que eres tú? —le pregunté—. Suena como si estuviera hablando el creador de estrés. Esto podría ser usurpación de identidad. Quizá algo ha usurpado tu identidad y te habla como si fueras tú, y le estás haciendo caso.

Ruth estaba tan sorprendida e intrigada que durante unos instantes se olvidó de su infelicidad.

Ese momento de reflexión creó una oportunidad para hablar con ella sobre sus fortalezas como persona, y como un ser distinto de la voz del odio a sí misma.

La forma de estrés de Ruth es la tiranía de las ideas negativas, que pueden dominar la vida interior de una persona. Para vencer a esta tiranía es necesario investigar de dónde salen estas ideas, cuestionarse su validez y descubrir lo que los psicólogos llaman autoestima incondicional.

Sigo viendo a Ruth. Hemos examinado las vivencias de su niñez que influyeron en sus sensaciones de vacío y desprecio por sí misma. Para ella ha sido un alivio darse cuenta de que la voz del creador de estrés no es *su* voz, y ver que puede elegir entre creerlo y prestarle toda su atención o no hacerlo. Recientemente me dijo, sorprendida y con una sonrisa de oreja a oreja:

—Han pasado tres meses y me sigo sintiendo bien conmigo misma.

El creador de estrés crea pensamientos catastróficos

El creador de estrés tiene una tremenda habilidad para imaginarse siempre lo peor. Por ejemplo, por la mañana te estás duchando y te notas un pequeño bulto en el cuello. Al principio piensas que no es nada serio, pero el creador de estrés tiene otros planes. Inmediatamente se pone a pensar en el peor diagnóstico posible y en los tratamientos más horribles. Empiezas a luchar contra esos pensamientos, pero el creador de estrés se aprovecha de la incertidumbre de la situación para convencerte de sus miedos. Para cuando sales de la ducha, estás viviendo mentalmente los efectos de la quimioterapia.

El miedo tiene una energía propia. Puede paralizar el sentido común y el pensamiento crítico, al mismo tiempo que te arrastra a un remolino de especulaciones negativas. Por ejemplo, estás en una excursión y de repente sientes un dolor en el pie. Tu mente empieza a agitarse pensando en cuál puede ser la causa. Quizá tengas artritis, quizá sea gota. Tu imaginación te arrastra conforme crece el dolor. Le preguntas a otro excursionista si tiene algún analgésico, y te tomas un par de pastillas que no te ofrecen mucho alivio. Sigues la excursión cojeando. Tal vez sea cáncer, o algo igualmente grave. Puede que esta sea la última excursión que hagas en tu vida. Sigues dándoles vueltas a estos pensamientos y cada vez sientes más ansiedad y estás más asustado. Has estropeado por completo la excursión.

Finalmente uno de los excursionistas te dice: «Eh, ¿por qué no te quitas la bota para ver cómo tienes el pie?». Lo haces y encuentras una piedrecita alojada bajo los dedos. Te la quitas y poco a poco el dolor desaparece, lo mismo que tu miedo a una tragedia. El creador de estrés se alimenta de los miedos del pasado para crear los miedos del futuro.

FICHA DEL PACIENTE

del doctor John Horton

ENTENDIENDO EL DOLOR

Rebeca llegó a mi consulta con un dolor de espalda crónico. Llevaba meses sin poder trabajar y sin embargo no le habían dado un diagnóstico claro, a excepción de problemas discales menores que no explicaban la magnitud de su dolor. Había asistido a cursos de terapia física y acupuntura, y nada había mejorado su trastorno. Sentado en la consulta, escuchando su historia, podía ver lo asustada que se sentía.

Profundizando un poco más, me enteré de que el padre de Rebeca había sufrido de ALS, también conocida como enfermedad de Lou Gehrig. El ALS es una afección muy dolorosa y, a la larga, mortal, con un decisivo componente genético. Mientras hablábamos de su padre, empecé a darme cuenta de que a Rebeca le aterrorizaba la idea de heredar el ALS.

El miedo a lo desconocido y la incapacidad de controlar el futuro pueden ser una gran fuente de ansiedad. Le expliqué a Rebeca que su dolor constaba de tres partes. Una era física. La segunda era el miedo al ALS. Y la tercera, su ansiedad generalizada. Cuando comprendió que el miedo y la ansiedad le estaban produciendo más dolor que su pequeño problema de espalda, se sintió mucho mejor. Y su problema se resolvió por completo cuando descubrió por medio de un examen genético que no tenía el gen del ALS.

A partir de entonces, cada vez que Rebeca tenía alguna extraña sensación en la espalda o en las piernas, su sistema de estrés ya no se ponía en marcha. Está claro que esos pequeños dolores de espalda, que nunca mejoraron con terapias convencionales, no venían causados por una anomalía de la columna vertebral.

Un miedo excesivo puede ser en sí mismo una causa de estrés, sea real o no. El objetivo de alguien que sufra dolor es tener claro, tanto como le sea posible, las causas de ese dolor, física, mental y emocionalmente. Esto puede llevar cierto tiempo, pero ayuda a derrotar al miedo abrumador.

Ejercicio: tu miedo más perturbador

Sin detenerte mucho a pensar, escribe acerca de uno de los miedos que más te perturban. Intenta encontrar algo en él que suene a las exageraciones del creador de estrés.

El creador de estrés produce negatividad

El creador de estrés tiene aptitudes artísticas para hacer melodramas al estilo de Hollywood. A partir de un simple pensamiento como: «A esa persona no le caigo bien», es capaz de desatar una cascada de emociones negativas, entre las que se encuentran la confusión, la tristeza, la desesperación, la ira y el miedo. Una vez que le hemos permitido convencernos de algo negativo, puede parecernos muy real.

Hay una historia india sobre un granjero a quien se le muere la mula y decide preguntarle a un vecino si puede prestarle la suya para arar el campo. Mientras camina hacia la casa del vecino, empieza a imaginarse todas las críticas que este le va a hacer: «¿Cómo es que no puedes cuidar ni a tu propia mula? Ya podías haber tenido más cuidado. No quiero que uses mi mula. No me fío de que la trates como se merece». Cuando por fin llega a la casa del vecino, está tan alterado esperándose una respuesta negativa que en cuanto este le abre la puerta, le empuja y grita: «¡Puedes quedarte con tu mula, imbécil!». Este es el creador de estrés en acción.

FICHA DEL PACIENTE
del doctor Edd Hanzelik

ENTENDIENDO UN ANTIGUO TRAUMA

Meredith, una paciente de unos sesenta y pocos años, padecía una sensación abrasadora que le atravesaba todo el cuerpo. Era especialmente intensa por las noches, y no le dejaba dormir. Al principio los médicos pensaron que esos síntomas tenían que ver con la menopausia y la sometieron a un tratamiento con una dosis elevada de hormonas, lo cual solo sirvió para empeorar las cosas. También tenía otros síntomas, entre ellos problemas digestivos, fatiga, ausencia de libido, depresión y ataques de pánico. Para cuando vino a verme, estaba desesperada por encontrar una solución.

Le hice a Meredith un examen exhaustivo, y hablamos sobre su vida. Tenía una historia muy interesante. A los doce años iba en el asiento trasero de un coche cruzando el puente de Brooklyn cuando oyó a su madre gritar: «¡Cuidado!». En un abrir y cerrar de ojos se encontraron en medio de un terrible accidente de tráfico con sangre por todas partes. La madre de Meredith murió.

Ella nunca había explorado en profundidad sus sentimientos sobre este traumático incidente, e incluso al hablarme de ello casi cincuenta años más tarde, no pudo evitar que los ojos se le llenasen de lágrimas. Podía ver que sufría probablemente de estrés postraumático debido a aquella experiencia. Su sistema de estrés se había activado al máximo en el momento del accidente y nunca se había desactivado del todo desde entonces.

Tras excluir la posibilidad de otras enfermedades, le expliqué a Meredith que era probable que su sistema de estrés estuviera excesivamente estimulado y que llevara así bastante tiempo. Como no sabía que sus síntomas provenían de ese trauma de la niñez, había estado a merced de los exagerados miedos y sugestiones negativas del creador de estrés.

Al principio fue difícil prescribir un tratamiento, porque la primera voz que respondía desde el interior de Meredith era la del creador de estrés, con sus dudas, preocupaciones y miedos. Sin embargo, conforme empezamos a centrarnos en la sanación del trauma emocional y físico del pasado, Meredith logró poner algo de distancia entre ella y el creador de estrés, y sus síntomas físicos empezaron a mejorar.

En la consulta podemos ver que muchos síntomas crónicos y debilitantes comienzan a desaparecer en cuanto las personas son conscientes de que fueron creados por antiguos traumas. La interpretación errónea de los síntomas por parte del creador de estrés puede producir mucha ansiedad. Es emocionante ver cómo van mejorando los síntomas cuando el entendimiento reemplaza al miedo.

El creador de estrés es un maestro del autoataque

El *autoataque* es la gran baza con la que cuenta el creador de estrés. Se cuestiona todo lo que haces, insiste en lo incompetente que eres, se ríe de tus anhelos, te juzga sin piedad y todo lo hace de tal manera que logra convencerte de que te está diciendo la verdad.

El creador de estrés puede mantenerte siempre en vilo con un coro incesante de «podías» o «deberías», «haz» y «no hagas»: «Deberías haber hecho esto», «Podías haber hecho eso»... A veces insiste e insiste una y otra vez para que hagas algo. Cuando finalmente lo haces, se da media vuelta y te espeta: «¿Por qué has hecho eso?». Parece que nunca está satisfecho contigo. Por decirlo de una manera suave, mina tu confianza en ti mismo.

El creador de estrés llega en muchas ocasiones a ser despiadado. Un amigo mío muy sabio me dijo un día:

—Cuando las personas empiezan a juzgarse a sí mismas, hasta el diablo podría ser más bondadoso.

Una de las formas del *autoataque* es el reproche. Lo siguiente es un poema, «El juego triste», que el doctor Horton lee a algunos de sus pacientes que permanecen estancados en el reproche. Su autor es Hafiz, un poeta persa del siglo XIV:

El reproche
hace que el juego triste continúe
y siga robándote toda tu riqueza:
y entregándosela a un idiota
que no entiende de dinero.
Amado mío,
despierta.

FICHA DEL PACIENTE

del doctor Edd Hanzelik

DESOYENDO LAS VOCES NEGATIVAS

Mi paciente, Raquel, tenía un problema de obesidad y estaba bastante estresada. Se reprochaba constantemente el hecho de haber engordado tanto. Empezamos a hablar de su relación consigo misma. Le pedí que pensara en lo que le gustaba de sí misma, y se enfocara en ello. Le sugerí que cada vez que se diera cuenta de que su mente había comenzado a atacarle, pasara por alto esa voz y no le prestara atención.

Esta era una idea nueva para Raquel. Me preguntó:
—¿Me estás diciendo que aunque no pueda detener el pensamiento negativo sí puedo dejarlo a un lado?
—Sí –le respondí–. No puedes detenerlo con facilidad porque se produce continuamente, pero date cuenta de lo que en realidad es. Puedes elegir si te lo crees o no.

Le expliqué la naturaleza del creador de estrés y cómo solemos tenerle un respeto exagerado. Sabe cómo hablarnos de una manera extremadamente convincente. Sin embargo, podemos retroceder un paso y preguntarnos: «¿Estoy de acuerdo con lo que me dice? ¿Será positivo para mí hacerle caso?». Por regla general los *autoataques* nunca nos ayudan. Podemos examinar nuestro comportamiento con amor y aprender de él. Siempre estamos creciendo y evolucionando, pero la crítica y el *autoataque* son contraproducentes.

El creador de estrés crea falsas expectativas

El creador de estrés toma cualquier concepto equivocado (por ejemplo: «La felicidad consiste en casarse, tener dos hijos, comprar una casa y tener un buen trabajo») e insiste en que la vida tiene que ser así. Por ello nos puede causar angustia y desesperación, si no llegamos a cumplir con estas expectativas. Te dirá que no puedes ser atractiva a menos que pierdas peso, que no tendrás éxito hasta que llegues a alcanzar cierto nivel en tu empresa, que no eres digno de admiración hasta que vivas en una gran casa y tengas un coche que llame la atención.

Un estudio realizado recientemente en Orange County, California, un área con un nivel de vida muy alto, demostró que los residentes presentaban un elevado porcentaje de depresión. Al investigar las causas, los autores del estudio descubrieron que muchos de los que disfrutaban de un nivel considerable de riqueza se comparaban continuamente con otros y no se permitían a sí mismos sentirse satisfechos porque siempre había quien tenía más que ellos. Un vecino había comprado un coche estupendo, y otro se había ido de vacaciones en un largo crucero, y otro había remodelado su casa de arriba abajo... Los investigadores concluyeron que el estrés causado por esta frustración crónica bastaba para explicar la elevada incidencia de depresión dentro de esa comunidad.

El creador de estrés está lleno de ideas preconcebidas sobre cómo debes ser. Te recuerda constantemente lo que tienes y lo que no, y resalta la manera tan injusta en que te tratan los demás. A algunas personas está siempre recordándoles que su dignidad ha sido pisoteada.

FICHA DEL PACIENTE
del doctor John Horton

ECHÁNDOLE SAL A LA HERIDA

Marco estaba retirado, rondaba los sesenta y cinco años y vivía una vida plena. Pasaba el tiempo relajándose, jugando al tenis y disfrutando de los frutos de su labor. Se conservaba en muy buena forma y tenía un carácter ligeramente narcisista, muy pendiente de sí mismo y orgulloso de su virilidad y su salud.

Los japoneses dicen que si una persona nunca se pone enferma hay que tener cuidado porque cuando finalmente lo haga no podrá aguantarlo. Esto describe exactamente lo que le sucedió a Marco.

Comenzó a sufrir un pequeño problema de próstata, nada raro en un hombre de su edad. No era un asunto grave pero hacía falta cirugía menor para solucionarlo. Marco se sentía muy molesto con la perspectiva de la operación. La consideraba un insulto a su dignidad, ya que contradecía a la imagen de salud y fortaleza que tenía de sí mismo. Se sentía profundamente ofendido de que algo así le sucediera a él, un ejemplar perfecto de la raza humana. Sin embargo, consintió en pasar por el quirófano porque no tenía más elección.

La operación de Marco fue un éxito. Su hijo y su nuera estuvieron a su lado, y también yo. Me sorprendió ver que a pesar de que la intervención había salido bien, se sentía bastante mal anímicamente. Estaba gruñón, irritable, muy resentido, y constantemente insultaba a su familia y a las enfermeras. Todo el mundo movía la cabeza de un lado a otro, preguntándose: «¿Qué le pasa a este hombre? La operación ha salido estupendamente».

Marco contrajo una infección en el hospital, con lo cual todavía se enfadó más. ¿Cómo podía él contraer una infección? No era capaz de aceptarlo. Ahora estaba furioso, y a pesar de todos nuestros esfuerzos no logró calmarse y terminó sufriendo una insuficiencia renal.

Tanto para la familia de Marco como para el personal médico estaba muy claro que a su proceso de curación le estaba afectando seriamente la actitud de su ego herido y el estrés que esto le producía. Esta historia tiene un final trágico: su enfermedad continuó agravándose y murió. Aprendí una lección muy valiosa: si dejamos que el creador de estrés tome las riendas, puede llegar a sabotear incluso a la mejor atención médica. Ahora, antes de que los pacientes entren en el quirófano dedico un tiempo a prepararlos para que no se aferren tanto a esa imagen que tienen de sí mismos y se adapten a la realidad de sus circunstancias.

RECUPERANDO EL CONTROL DE TU VIDA

Llevo trabajando por mi cuenta muchos años. Eso no ha impedido que algunas veces me sienta nervioso y molesto con mi trabajo. Recuerdo un día en particular en el que me desperté y la primera sensación de la que fui consciente fue la ansiedad que tenía. En ese momento intuí que estaba dejando que el creador de estrés llevara las riendas. De manera que decidí tener una pequeña charla conmigo mismo para ver qué había detrás de toda esa ansiedad.

—*¿Qué te pasa? ¿Por qué estás tan ansioso?*

—*¡Sé lo que va a ocurrir hoy! Me vas a echar encima una lista grandísima de cosas por hacer, muchas más de las que soy capaz de llevar a cabo. Y vas a querer que las haga mucho mejor y en mucho menos tiempo de lo que realmente puedo. Y luego la vas a tomar conmigo cuando no logre terminarlo todo y cuando no lo haga a la perfección.*

Comprendí que había estado permitiendo que el creador de estrés, o más bien su parte de capataz, se encargase de organizar mi vida laboral. Entender que esta era la causa de mi estrés me hizo ver de una forma más realista qué era lo que podía conseguir durante un día de trabajo. El primer paso fue asegurarme de que mi vida estaba en mis manos, no en las de un capataz exigente.

Básicamente fue una negociación. Me dije a mí mismo: «Mira, tengo mis necesidades, cosas que he de conseguir hacer hoy para ganarme el pan, pero no voy a dejar que la faceta de capataz del creador de estrés te agobie exigiéndote más de lo que puedes dar de ti. A partir de ahora vas a trabajar conmigo». Lo que estaba haciendo era construir un escudo protector porque sabía que una vez que el creador de estrés consiguiera que le hiciera caso, podría convertirse fácilmente en mi jefe interior y mantenerme estresado el día entero. La decisión me correspondía a mí, tenía todo el poder para elegir.

En nuestros seminarios sobre el estrés preguntamos a los participantes qué hacen para liberarse del creador de estrés. La clase se llena de excitación a medida que la gente va compartiendo sus secretos favoritos para mantenerlo a raya.

—Le grito: «¡Stop! ¡No te voy a hacer caso!» –dice uno.

Otro le habla en silencio:

—¡Lo siento! ¡Aquí no te queremos! No tengo tiempo para ti.

Una tercera persona piensa en lo que sucedería si ese mismo día chocase contra un camión. La posibilidad de que su vida llegara a su fin pone en perspectiva los comentarios del creador de estrés. Y otro simplemente lo ignora y pone toda su atención en otra cosa.

Un amigo se me acercó y me preguntó:

—¿Tú sabes lo que es la preocupación?

—No. Dime.

—La preocupación es un impostor que finge ser útil.

Pensé que era una definición muy apropiada.

El creador de estrés suele aparecer con más fuerza cuando nos enfrentamos a lo desconocido o en situaciones ambiguas donde algo podría ser de una manera o de otra, y quiere que automáticamente te pongas en lo peor. La estrategia alternativa del Yo 2 es explorar, descubrir la verdad del asunto basándote en hechos y sopesándola con tus compromisos vitales.

Lo mismo que el mago de *El mago de Oz*, el creador de estrés parece mucho más poderoso de lo que realmente es. Puedes considerarlo grande y terrorífico cuando lo tienes delante, pero una vez que pasas detrás de su pantalla, descubres lo insignificante que es en realidad.

La clave consiste en reconocer la voz del creador de estrés y darte cuenta de lo que es. El primer paso es decir: «Ese que está hablando no soy yo, quien soy yo es el que escucha». De esa manera puedes elegir cualquier forma de darle de lado en lugar de dejarte convencer por él. Cada vez que haces esto das un gran paso adelante para ganarle al creador de estrés con tu propia sabiduría.

Cuanto más aprendas a diferenciar su voz de la tuya, más natural y equilibrado te sentirás, incluso ante los factores estresantes que te acosen, y mayor acceso tendrás a tu propia sabiduría. Usar las herramientas del Juego Interior puede que no haga desaparecer la voz del creador de estrés, pero tu resistencia a ella se desarrollará como un músculo y tu sabiduría tendrá una oportunidad de crecer.

Ejercicio: sortea a tu creador de estrés

Vuelve a leer lo que escribiste acerca de tu miedo más perturbador y trata de reducir el tamaño del creador de estrés. ¿Hasta qué punto lo que temes es real y hasta qué punto es ficticio? ¿Qué diría *tu* voz para hacer caso omiso de las ideas del creador de estrés, en lugar de creérselas?

4

Una alternativa a la lucha-huida-parálisis

Tengo muy claro que el estrés es una sensación que no me gusta. Cuando estoy estresado sé que no voy a poder pensar con claridad ni rendir al máximo. Por eso pregunto, un poco malhumorado: ¿qué sentido tiene que exista el estrés?

Mis amigos médicos me explicaron en qué consistía el sistema del estrés: una adaptación fisiológica protectora de un estadio anterior de la evolución humana que nos ayudaba a sobrevivir. Nuestros genes y nuestros mecanismos naturales de respuesta se formaron en una época en la que los seres humanos éramos básicamente cazadores y recolectores. Piensa en esos ancestros, recolectando bayas o relajándose después de comer. Imagínate que los estás viendo ahora mismo, como en una película. De repente un depredador enorme aparece en su camino. Sus cuerpos responden instantáneamente con una subida de adrenalina, como un vehículo que se pone de cero a cien en cinco segundos. Sus corazones empiezan a bombear, y mandan sangre a los músculos. Esta es la respuesta de lucha o huida, que emplea toda la energía en sobrevivir. Es incuestionable que una reacción fisiológica de semejante precisión ha sido esencial para asegurar nuestra supervivencia en momentos de peligro inmediato.

Me alegro de que mis ancestros hayan tenido este sistema de estrés; de lo contrario puede que ahora mismo no estuviera aquí. Sin embargo, para mí está muy claro que el sistema se ha descontrolado y ha dejado de ser útil en la mayoría de las situaciones que producen estrés en este siglo XXI que nos ha tocado vivir.

Hoy día casi nadie vive en un peligro físico constante. A pesar de ello, usamos el mismo mecanismo para lidiar con las docenas de factores estresantes menores que llenan nuestros días: un comentario desagradable de nuestro jefe, un dolor de muelas, una discusión con la pareja, un tren que se nos va... Estas son invitaciones abiertas al Yo 1, el creador de estrés, para que empiece con su letanía e interprete a su manera la situación. Si tienes miedo a fracasar, puede que percibas hasta la más pequeña de las tareas como un elemento estresante, lo que activará el flujo de hormonas del hipotálamo, la glándula pituitaria y las glándulas adrenales. La presencia constante de una cantidad excesiva de estas hormonas circulando en la sangre puede producir efectos devastadores.

Intentar vivir como seres humanos modernos y a la vez estar limitados por un instinto primitivo de lucha o huida es algo que simplemente no encaja, como habrás visto si alguna vez te has encontrado con una pelea entre dos conductores en medio de la calle o has discutido con un amigo que reaccionara abandonando la habitación de un portazo. Mientras que la reacción del estrés sigue siendo válida para sacarnos de problemas si nos encontramos ante un verdadero peligro físico, nuestras capacidades han evolucionado más allá del sistema de lucha o huida. Poseemos recursos internos que nos permiten reacciones más avanzadas. Sin embargo, estos recursos permanecen latentes en muchas personas, que no han aprendido cómo acceder a ellos y desarrollarlos.

Los efectos del estrés crónico pueden ser caprichosos. Por ejemplo, un estudio llevado a cabo en Gran Bretaña demostró que sentirte víctima de una injusticia puede, casi literalmente, llegar a «partirte el corazón». En el estudio, las personas que pensaban que la vida es injusta presentaban un cincuenta y cinco por ciento de incidentes coronarios, una proporción mucho más elevada que la de aquellas con el colesterol alto. Sin embargo, aunque los médicos examinan rutinariamente los niveles de colesterol de sus pacientes, ¿a cuántos se les ocurre preguntarles por su estado mental?

La cuestión fundamental es que vivir con estrés crónico trae inevitablemente serias consecuencias. Edd y John me han convencido de que el cuerpo humano no está diseñado para aguantar el estrés crónico ni para adaptarse a él.

Recientemente vi un documental sobre el trabajo de Robert M. Sapolsky, profesor de biología y neurología de la Universidad de Standford. Sapolsky escribió un libro titulado *Why Zebras Don´t Get Ulcers (Por qué las cebras no tienen úlceras)*, que trata sobre el profundo impacto del estrés en el funcionamiento físico y psicológico de los humanos. Este documental, basado en sus estudios sobre los babuinos de África, se centraba en un grupo particular que empezó a alimentarse de la basura de un campamento de safari y se vio expuesto a la tuberculosis. Para sorpresa de Sapolsky, fueron los fuertes machos alfa los que enfermaron y murieron. Los machos menos dominantes, las hembras y las crías sobrevivieron. De esa manera, el grupo se volvió más pacífico y prosperó. Sapolsky especulaba sobre la posibilidad de que el fiero impulso competitivo de los machos alfa los estresara tanto que no pudieran soportar las bacterias de la tuberculosis tan bien como los demás. Asimismo estaba sorprendido de lo bien que funcionó el grupo de babuinos después de que desapareciera el estrés comunitario de los fieros machos alfa. ¡Quizá podríamos extraer una lección de este documental para aplicarla en nuestras propias sociedades!

Ejercicio: ¿qué está en juego?

Identifica una situación que te provoque un estrés prolongado. Reflexiona sobre cómo el Yo 1, el creador de estrés, puede estar viéndola como una cuestión de supervivencia. ¿Qué elementos percibe el Yo 1 como amenazadores? ¿Qué es lo que cree que está en juego? ¿Qué está realmente en juego?

FICHA DEL PACIENTE
del doctor Edd Hanzelik

EL PODER DE LUCHAR

Myra, una paciente de unos sesenta y cinco años, vino a mi consulta porque estaba experimentando un temblor en la voz que afectaba a su capacidad para trabajar. Conocía el momento exacto en que se originó este trastorno: acababa de salir de la ducha y se estaba secando cuando oyó unos golpes en la puerta. Se lió una toalla alrededor del cuerpo y salió del cuarto de baño conforme los golpes se volvían más violentos. Myra sintió una descarga de adrenalina.

Luego, antes de que tuviera tiempo de reaccionar, dos jóvenes irrumpieron en su casa. Sintió pánico; usando sus propias palabras, era como si su corazón se le saliera del pecho, palpitando con todas sus fuerzas. Pensó que iban a violarla y matarla. De repente, sin ser consciente de ello, dejó escapar un grito desde lo más hondo de sus entrañas, un grito tan desgarrador que la dejó conmocionada. Me dijo que sonó como el rugido de un león. Estaba sorprendida de la fuerza de aquel grito, y todavía lo estaba más de que fue lo suficientemente fuerte para que los dos hombres se dieran la vuelta y salieran corriendo de su casa.

Tras el incidente, Myra fue incapaz de hablar durante un par de horas. Cuando finalmente lo consiguió, la voz le temblaba. Este trastorno había persistido durante varios meses, a lo largo de los cuales había consultado a un otorrinonaringólogo, que le examinó la garganta y le dijo que podía ver cómo le temblaban las cuerdas vocales, y a un neurólogo, que le recetó varios medicamentos que solo consiguieron empeorar la situación.

Para mí el problema el siguiente: su sistema de estrés, profundamente amenazado, había respondido como debía, protegiendo inmediatamente y con todas sus fuerzas la vida de Myra. Sus cuerdas vocales, sin embargo, no estaban preparadas para ese grito que probablemente le salvó la vida, y quedaron traumatizadas. Emocionalmente la experiencia entera había sido traumática. Con frecuencia cuando se produce un estrés agudo no notas todo el impacto que tiene en tu cuerpo porque estás centrado en sobrevivir. Luego, cuando el estrés desaparece y empiezas a relajarte, descubres hasta qué punto le ha afectado a tu organismo. Cuando Myra dejó escapar ese potente grito, no lo pensó ni lo planeó de antemano. Fue una reacción espontánea de su sistema de estrés ante la emergencia. Ni siquiera era consciente de la tensión a la que estaba sometiendo a sus cuerdas vocales. Sin embargo, cuando la amenaza desapareció y quiso tranquilizarse, se dio cuenta de que la voz le temblaba. Una vez que una persona ha sido traumatizada por el estrés, el efecto en el cuerpo, la mente y el sistema nervioso puede persistir, como le había ocurrido a ella.

Para Myra, la recuperación comenzó cuando en primer lugar reconoció el poder del Yo 2 de crear ese grito y el consiguiente desgaste de sus cuerdas vocales. Le pedí que reposara la voz y que aceptara ese residuo emocional que formaba parte de una reacción normal. Le pedí también que reconociera los recursos internos a los que había accedido en esa emergencia, y que cuando notara ese temblor agradeciera al Yo 2 (los recursos innatos de su cuerpo) que le hubiese salvado la vida. Tras una semana volvió para decirme que había estado descansando la voz, que había notado el temblor unas cuantas veces y que había recordado su gratitud. Gradualmente, todo volvió a la normalidad.

CALMA INTENCIONADA

Cuando estábamos escribiendo este libro, ocurrió un accidente que salió en los titulares de todos los periódicos del mundo. El 16 de enero de 2009 un avión que había despegado de Nueva York chocó contra una bandada de gansos y los motores quedaron inutilizados, lo que hizo que perdiera altura rápidamente. El piloto, el ahora famoso Chelsey B. *Sully* Sullenberger, III, tuvo que tomar una decisión inmediata y logró aterrizar limpiamente sobre el helado río Hudson. Todos los pasajeros fueron rescatados por las barcas que estaban ya en el río. Fue lo que llamaron el «milagro del Hudson.»

Lo que es interesante en el contexto del estrés es que Sully fue capaz de tomar una decisión compleja en una situación de intenso peligro y miedo. Los pilotos llaman a esta capacidad calma intencionada. Como acceder a esta capacidad requiere un esfuerzo consciente y una práctica asidua, la ensayan una y otra vez en simuladores de vuelo.

¿Qué requiere el esfuerzo consciente? Para entenderlo, echemos un vistazo a la biología de las reacciones que tuvieron lugar en el cuerpo de Sully durante la emergencia. Aunque algunos pensarán que no se encontraba en un estado de miedo, no es así, como más tarde confirmó. El circuito cerebral del miedo es automático, y se activó en todas las personas que había en el avión, entre ellas, a pesar de sus horas de entrenamiento, el piloto. Esta reacción surge de los centros cerebrales más primitivos, cuya activación provoca el típico reflejo del estrés de lucha o huida. Conforme el avión bajaba en picado hacia el río, era inevitable experimentar una sobrecogedora sensación de miedo.

De manera que sabemos que Sully estaba asustado, pero también sabemos que fue capaz de equilibrar esa sensación automática con un proceso de pensamiento más racional e intencionado, que está centrado en el córtex prefrontal del cerebro. Fue esta capacidad la que le permitió examinar rápidamente las muchas variables posibles, tomar una sabia decisión sobre el mejor lugar para hacer el aterrizaje y llevarlo a cabo con destreza. Sully fue capaz de acceder a un sistema de estructura y función cerebral más avanzado. Logró superar la reacción basada en el miedo y aprovechar lo que había aprendido en su práctica como piloto.

Muchas de nuestras experiencias de estrés se basan en reacciones primitivas, pero, como Sully, podemos aprender a ser mejores pilotos de nuestras vidas aprovechando el avanzado neurocircuito que hemos desarrollado como seres humanos.

FICHA DEL PACIENTE
del doctor John Horton

HUYE DEL DOLOR

El hombre más obeso que he conocido fue un paciente al que vi en una clínica de San Francisco. Larry, que pesaba más de ciento ochenta kilos, estaba decidido a perder peso. Se trata de una historia única y extrema, pero tiene implicaciones para la epidemia de obesidad que existe en Estados Unidos y otros países industrializados.

Larry creció con una constitución normal y no tenía antecedentes de sobrepeso en la familia. Empezó a engordar como reacción a una tragedia: la muerte de su esposa y su hijo en el famoso suicidio en masa de Jonestown. Larry, que era un próspero hombre de negocios, se encontraba en su ciudad, Los Ángeles, recabando fondos para el grupo de Jonestown. Tanto él como su mujer creían que este encarnaba la promesa de una forma de vida más idealista. Cuando se produjo el suicidio en masa, Larry no solo perdió a su esposa e hijo sino también la visión de una vida de propósitos y servicio a los demás.

Con una voz que apenas le salía del cuerpo, me contó que su reacción inmediata al enterarse de la tragedia fue llamar por teléfono y pedir una pizza. Todavía estaba comiéndosela cuando decidió llamar a un establecimiento de pollo frito. Aún no había acabado con el pollo cuando hizo otra llamada, esta vez a un restaurante chino de comida para llevar, y mientras se la comía se puso a pensar en qué otro tipo de pizza podía pedir para después.

Durante semanas Larry adormeció su dolor con la comida. Luego empezó a vagar por las calles de noche, siguiendo a mujeres con niños que le recordaban a su esposa y su hijo. No pretendía hacerles daño. Un día se vio de refilón en un espejo y quedó estupefacto al ver a un monstruo enorme y deforme que no reconocía.

Comprendió que había estado sedándose con comida para evitar el dolor de su pérdida. De alguna manera, comer en exceso conseguía reducir su estrés en el momento, pero no hacía nada para aliviar la causa de ese estrés. De hecho, le estaba causando graves problemas de salud. Lentamente empezó a sentir y a no comer, y había perdido alrededor de cuarenta y cinco kilos cuando lo conocí. Tenía que perder otros cuarenta y cinco.

Cuando Larry me contó su historia, me impresionó su valor, además de su disposición a sentir plenamente su dolor y recobrarse. Al final de la consulta ambos teníamos la seguridad de que, con el tiempo, conseguiría redescubrirse a sí mismo, por desgracia sin su esposa ni su hijo, pero con más sabiduría y conciencia.

Para mí esta fue una lección profunda acerca de lo poderoso y primitivo que puede ser el sistema del estrés, y lo necesario que es resolver la causa que lo provoca en lugar de taparla con drogas, alcohol, exceso de comida o cualquier otro medio. Ver la resolución de Larry me animó y me dio la esperanza de que incluso las personas que están atrapadas en los ciclos más extremos de aletargamiento pueden encontrar el camino de regreso a sí mismos.

PARÁLISIS: UN CIERVO ANTE LOS FAROS DEL COCHE

Edd y John me explicaron que hay otra respuesta primitiva además de luchar o huir: la reacción de paralizarse, literalmente lo que le sucede a un ciervo cuando de noche se encuentra ante los faros de un coche. Realmente el ciervo no está huyendo ni luchando. Simplemente se ha quedado congelado en el momento, paralizado de miedo. Entendí el concepto de parálisis inmediatamente. Lo había visto con frecuencia en la pista de tenis. Cuando los jugadores que estaban cerca de la red veían una pelota viniendo a toda velocidad hacia ellos y no estaban seguros de qué hacer, con frecuencia se quedaban en su sitio, paralizados, mientras la pelota pasaba junto a ellos con un zumbido.

La reacción de parálisis es otra respuesta automática del sistema nervioso, que está condicionado para enfrentarse a algunos peligros con una bajada de la presión sanguínea y de las pulsaciones cardiacas. Esta reacción puede parecer ilógica, pero si retrocedemos en el orden evolutivo, a veces quedarse lo más quieto posible resultaba ser la mejor opción. El objetivo era evitar que nos vieran.

La reacción de parálisis me hace pensar en la infancia, cuando eras un niño y estabas acostado en la cama con las luces apagadas. Sabes que los monstruos han salido del lugar donde se esconden, en el armario, y están en tu habitación. No puedes gritar ni correr porque te verán y te atraparán. Y está claro que no eres capaz de vencerlos porque son monstruos. Lo único que puedes hacer es volverte muy, muy pequeño. Vas ralentizando la respiración cada vez más, de manera que, de algún modo, no existes. Te vuelves invisible.

Hay formas adultas de parálisis, entre ellas estancarse en patrones improductivos, no querer enfrentarse a las situaciones difíciles y no actuar cuando es preciso hacerlo.

En el ejercicio de su profesión, Edd y John han descubierto que las personas que sufrieron infancias traumáticas o marcadas por el abuso suelen tener el hábito de quedarse paralizadas en momentos en que no resulta beneficioso. Me contaron el caso de un joven arquitecto que tuvo un desvanecimiento inesperado cuando un colega le estaba hablando, muy alterado, sobre una enfermedad grave. Lo llevaron a urgencias pero no pudieron encontrar ningún trastorno cardiaco o neurológico que explicara sus síntomas. No tenían la menor idea de por qué se había desmayado. Sin embargo, cuando John Horton le preguntó si había sufrido algún tipo de estrés físico, mental o emocional durante su infancia, recordó que llegó a casa un día y se encontró con que su tío estaba agrediendo a su madre. Ella murió por aquella agresión. Debido a ello, en este joven cualquier emoción fuerte ponía en marcha una fuerte reacción de estrés, que en su caso era la parálisis. Le resultó muy difícil hablar sobre esa experiencia; no obstante, recordó que el día que se desmayó en el trabajo un colega le estaba contando una historia con una fuerte carga emocional y esa intensa emoción fue la que provocó su reacción.

El proceso de aprendizaje de este hombre fue curioso. Aunque había conseguido entender claramente el porqué de su desvanecimiento, un poco más tarde volvió a desmayarse cuando estaba en un avión, pero esta vez comprendió que se encontraba bajo los efectos del estrés emocional, que estaba cansado y no había comido bien. Entendió que el estrés estaba poniendo en marcha su antigua reacción de parálisis y decidió evitarla. Se recuperó rápidamente y no necesitó ir al hospital. Reconoció que su sistema nervioso tenía cierta debilidad con la que podía lidiar sin miedo, confusión o exámenes médicos innecesarios.

Ejercicio: quedarse paralizado

Piensa en una situación en la que hayas experimentado la reacción de la parálisis o hayas visto a otros experimentándola. ¿Cuál fue el resultado?

Nota médica: nuestros tres cerebros

doctores John Horton y Edward Hanzelik

El Juego Interior nos permite pasar del instinto a la sabiduría cuando sea necesario. La siguiente descripción sencilla puede ayudarte a entender la estructura del cerebro y las funciones que desempeña. Cuando presentamos esta información en los seminarios, los participantes muestran un gran interés en ver cómo reacciona el cerebro cuando elegimos responder de formas más evolucionadas que las reacciones de lucha-huida-parálisis. Veámoslo desde la perspectiva evolucionista, basada en la nueva teoría del científico Paul MacLean y en investigaciones más recientes.

MacLean descubrió que tenemos tres cerebros, con las capas más recientes cubriendo las más antiguas. Especuló sobre la posibilidad de que la enfermedad pudiera producirse cuando los centros cerebrales primitivos dominan los centros cerebrales más avanzados. Cuando sucede esto, en lugar de tener acceso a la razón y el entendimiento, reaccionamos ante los conflictos humanos de una forma animal y primitiva. Algunos opinan que la civilización es solo una fina capa de comportamiento humano sobre un núcleo formado por estas conductas primitivas. Sin embargo, si tenemos en cuenta las cualidades humanas únicas y las extraordinarias capacidades de nuestro cerebro para expresarlas, vemos claramente que poseemos el potencial de ser mucho más que unos simples animales sofisticados.

McLean llamó al primer y más primitivo cerebro el «cerebro reptiliano», que se centra únicamente en la supervivencia del individuo y no entiende de amigos, familia o diversión. En los seres humanos consiste en el tronco cerebral —que mantiene las funciones vitales como el latir del corazón, la respiración y la actividad metabólica— y en el cerebelo. Incluso en los casos en que se produce una lesión cerebral de gran alcance, si se preservan estas áreas, la vida puede continuar. Los comportamientos de esta parte del cerebro oponen mucha resistencia al cambio, suelen basarse en el miedo y no tienen capacidad de aprendizaje. El cerebro reptiliano es bastante limitado en su

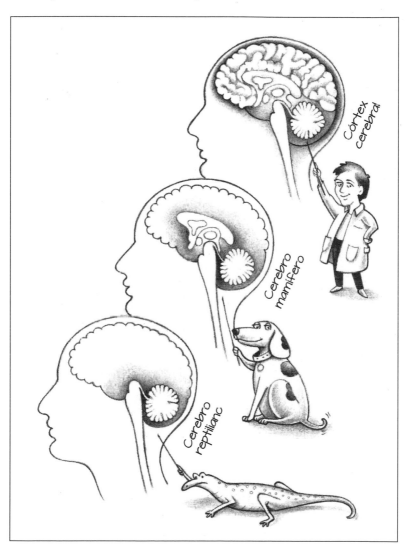

respuesta a los desafíos. Los reptiles (o los humanos operando de ese modo), cuando perciben una amenaza, solo atacan, huyen o se quedan paralizados.

MacLean llamó al segundo cerebro el «cerebro mamífero». Dentro de él se encuentra la amígdala, un vigilante mucho más refinado para avistar el peligro que el que existe en el cerebro reptiliano. La amígdala se une al hipotálamo, la pituitaria y las glándulas adrenales para coordinar nuestras reacciones más básicas de lucha-huida-parálisis con objeto de protegernos del peligro. La amígdala se activa automáticamente, sin pensamiento. Por ejemplo, imagina que sales por la puerta de la calle y ves una forma parecida a una serpiente entre la hierba. Inmediatamente saltas hacia atrás asustado. Entonces miras con más atención y descubres que en realidad se trata de la manguera para regar el jardín. Te relajas, te ríes y sigues tu camino. La reacción inicial vino de tu cerebro mamífero más primitivo, del que también forma parte la amígdala. Si solo contaras con él, habrías atacado a la manguera o habrías salido corriendo para escapar de ella.

Nuestro cerebro mamífero es más evolucionado, ya que cuenta con un vigilante todavía más sofisticado, el hipocampo, capaz de percepciones y emociones refinadas, que fue el que te ayudó a ver que la manguera no era una serpiente. El hipocampo tiene capacidad para aprender y memoria, lo que les proporciona a los mamíferos capacidades adicionales. Al contrario de lo que sucede con un reptil, tu perro te reconoce y te responde, y obviamente es capaz de establecer la distinción entre tú y un desconocido.

El tercer componente, el componente superior, es el «cerebro humano», formado por el extenso córtex cerebral, que ocupa las cinco sextas partes de este órgano. Este es nuestro cerebro pensante, con numerosas conexiones entre el hipocampo y el córtex prefrontal. Este último conecta muchas grandes redes neurales que posibilitan las diversas cualidades del pensamiento humano, la reflexión y la sabiduría.

El córtex cerebral se ocupa de las actividades mentales más avanzadas, como pueden ser el habla, el pensamiento racional, la memoria, la comprensión, el control motriz fino, la creatividad, la habilidad musical, la escritura, la empatía, la bondad, la capacidad de ser parte de una familia o grupo y al mismo tiempo un individuo, la conciencia de la narrativa de tu propia vida y el reconocimiento del tiempo.

El cerebro primitivo es incapaz de lidiar con la mayor parte del estrés que experimentamos con sus reacciones de lucha-huida-parálisis. Tampoco pueden hacerlo ni el antiguo cerebro mamífero ni el más avanzado, con sus capacidades limitadas gobernadas por el instinto, la conformidad con el grupo y el orden jerárquico. Solo al acceder a nuestro exclusivo cerebro humano podemos retroceder, reflexionar y elegir una acción consciente.

El cerebro humano tiene la capacidad de equilibrar las reacciones más primitivas del sistema del estrés con la sabiduría y el entendimiento. Acceder a nuestro cerebro humano nos permite reírnos ante la perspectiva de una amenaza, diseñar estrategias brillantes para acabar con el dolor y la frustración y trascenderlos. Con nuestra inteligencia tenemos la capacidad de situarnos por encima de los desafíos que nos presenta la vida.

MÁS ALLÁ DE LA PERCEPCIÓN DEL ESTRÉS

Los tres vivimos en el sur de California, y hemos sido testigos de unos incendios forestales terroríficos que en pocas horas, empujados por los fuertes vientos, se han extendido por los cañones de Malibú y han arrasado decenas de casas. Es evidente que los incendios son un gran factor estresante, pero incluso un factor tan grande como este no *causa* por sí mismo el estrés. Para ilustrar un aspecto clave de la psicología del estrés, imagina a tres personas en medio de una carretera del cañón contemplando cómo las gigantescas llamas del incendio se van acercando a las dos casas que tienen enfrente.

Uno de los hombres es bombero, y está participando en una estrategia de defensa contra el fuego. Está muy activo y completamente inmerso en su labor de dirigir a los helicópteros que llegan cargados de agua para detener el avance de las llamas. El segundo hombre, propietario de una de las viviendas, está nervioso, pero no tiene miedo. Hace muchos años que compró su casa y ha visto otros incendios. Tiene un buen seguro, y está preparado para llevarse de un solo viaje a toda su familia, a las mascotas y una gran cantidad de bienes en su camioneta si el agua de los helicópteros no consigue detener el avance del fuego. El tercer hombre es también propietario de una casa, pero está sobrecogido de miedo. Acaba de comprarla y no sabe si tiene un buen seguro. No puede llevarse consigo a su familia, ni a sus mascotas y bienes para ponerlos a salvo en su pequeño coche. Los tres hombres se enfrentan al mismo factor estresante, pero su percepción de él y la manera en que reaccionan es completamente distinta.

El estrés psicológico tiene relación con percepciones que frustran a una persona, causándole dolor o miedo. Esto es verdad tanto si las percepciones se basan en la realidad como si no. En el ejemplo anterior, puede que el fuego no dañe las casas, pero el tercer hombre podría seguir sintiéndose estresado durante días, o incluso semanas y meses. Los otros dos están protegidos del miedo por su entrenamiento, experiencia y plan de prevención de contingencias.

Hay otro aspecto psicológico más sutil. Tiene que ver con la frustración de nuestra necesidad humana de autorrealización.

El psicólogo Abraham Maslow, en su pirámide de necesidades humanas, situó la autorrealización en el puesto superior de su lista. Descubrió que las personas de mayor éxito y más saludables mentalmente eran las que satisfacían esta necesidad. Tenemos un anhelo innato de progresar en nuestras vidas hasta un punto en el que nos sintamos satisfechos con nosotros mismos y con lo que hemos conseguido. Puede que no seamos conscientes de ello, pero ansiamos sentir esa satisfacción interna. Sin apreciar esta necesidad, la más humana de todas, no damos de sí todo lo que podemos dar, y esta carencia puede ser una fuente de estrés.

El psicólogo Carl Jung observó que los pacientes que tenían más miedo a la muerte eran aquellos que sentían que nunca habían vivido plenamente. Lo contrario también es cierto.

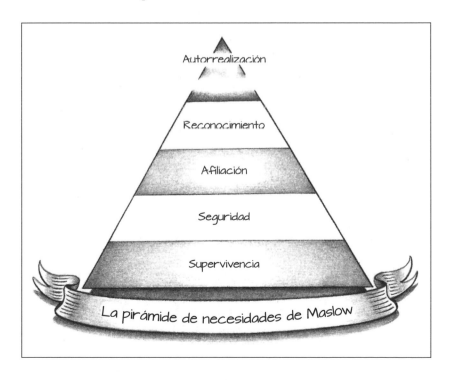

Autorrealización

Reconocimiento

Afiliación

Seguridad

Supervivencia

La pirámide de necesidades de Maslow

Las personas que han vivido con plenitud y se han sentido satisfechas interiormente están más tranquilas cuando se enfrentan al fin de la vida.

LA SOCIOLOGÍA DEL ESTRÉS

Nuestro mundo se compone de tres tipos de relaciones dinámicas: las relaciones con uno mismo, con los demás y con la sociedad. Los factores estresantes pueden venir de cualquiera de estas esferas, pero la relación con uno mismo es la clave para regular nuestro sistema del estrés. ¿Por qué? Porque no podemos controlar lo que piensan otras personas, ni lo que sienten o hacen; tampoco tenemos mucho control sobre la sociedad que nos rodea y lo que nos llega de ella. Sin embargo, en el interior protegido de nuestro ser, disponemos de espacio para maniobrar, siempre que estemos dispuestos a enfrentarnos a las cosas tal y como son y a sacar partido de nuestros recursos internos únicos.

Como somos seres sociales, nos puede resultar difícil apreciar la necesidad de comprendernos a nosotros mismos. La cuestión es: ¿cómo puedes seguir siendo parte de la manada sin perder tu identidad? ¿Cómo puedes permanecer conectado a algo más grande que tú (tu familia, tu comunidad, tu equipo de trabajo) y seguir siendo capaz de tomar distancia y tener tu propia opinión?

Hay una cita atribuida a Confucio que dice que cuando era joven intentaba agradar a sus padres, luego a sus amigos y más tarde a sus sabios maestros. Finalmente aprendió a agradarse a sí mismo. Fue entonces cuando descubrió la sabiduría interna que tan profundo impacto tuvo en la cultura china.

Intentar agradar compulsivamente a todo el mundo es un problema común y algo en lo que resulta bastante complicado tener éxito. Una historia muy famosa de la divinidad hindú

Shiva y su consorte, Parvathi, ilustra esta afirmación. Parvathi le preguntó a Shiva por qué, aunque la Tierra era tan bella y los seres humanos habían sido creados para disfrutarla, tendían a ser tan desgraciados. Shiva le pidió a Parvathi que le acompañara a la Tierra.

Se disfrazaron de humanos y observaron cómo una pareja de edad avanzada recorría un sendero que iba de una aldea a otra. Al principio el hombre montaba en el burro y la mujer caminaba a su lado. Al llegar a la aldea oyeron cómo los aldeanos hablaban de lo egoísta y lo malo que era el hombre por ir montado en burro mientras su pobre mujer tenía que ir andando. Cuando se acercaban a la siguiente aldea, el hombre se bajó y la mujer montó en el animal mientras él caminaba. De nuevo los aldeanos los criticaron diciendo que esa mujer no tenía el menor respeto por el hombre, que había trabajado tanto toda su vida, y que era él quien debería ir montado. Por eso, cuando se acercaban a la próxima aldea se sentaron los dos en el burro. A verlos, los aldeanos se mostraron indignados y se preguntaban cómo podían ser tan crueles para hacer cargar a ese pobre animal con el peso de ambos. De manera que en el próximo pueblo se bajaron los dos y caminaron al lado del burro. Y los aldeanos se rieron de ellos por su estupidez. ¡Tenían un buen burro y ninguno se montaba!

Tras observar este episodio, Shiva miró a Parvathi y dijo:

—¿Ves?, los seres humanos quieren agradarse unos a otros a toda costa, pero es imposible.

Y aunque es parte de la bondad humana querer agradar a los demás, nada se gana si para lograrlo tenemos que renunciar a ser quienes somos.

UN PASO EN LA EVOLUCIÓN HUMANA

Si el estrés tiene un origen evolutivo, resulta obvio que debe de existir otro paso en la evolución humana que pueda ayudarnos a sobrevivir a la ofensiva actual de factores estresantes. Cuando Edd, John y yo usamos las herramientas del Juego Interior en nuestros cursos, descubrimos que se produce un cambio fundamental en la manera en que actúan los participantes. En lugar del miedo, la sorpresa y la conmoción con la que la mayoría reacciona ante los inevitables pero inesperados cambios de la vida, los vemos aprender nuevas reacciones que sacan provecho de las capacidades internas del Yo 2: claridad, amor, aprendizaje, conciencia y aceptación. Cuando reconocemos las antiguas reacciones del sistema del estrés, podemos descubrir que tenemos opciones más evolucionadas.

El desafío consiste en que la respuesta primitiva del estrés es automática y está basada en la supervivencia. Se puede activar en nuestros cuerpos sin que seamos conscientes. Es como ejercitar músculos que no se han ejercitado antes; hace falta un esfuerzo diario para desarrollar fuerza y flexibilidad.

Ejercicio: usando el cerebro superior

Piensa en una de las situaciones estresantes que elegiste en el capítulo 1 y en la reacción que sueles tener ante ella. Ahora plantéate algunas respuestas alternativas a las reacciones de lucha-huida-parálisis, teniendo en cuenta las características de que dispone el cerebro humano.

5

Acelerando y desacelerando

El estrés que sufrimos no es inherente. Cuando enseñaba tenis y golf, siempre me llamaba la atención ver lo mucho que se estresaba la gente al dedicarse a una actividad que en teoría practicaban para divertirse. Decían: «Voy a relajarme y a jugar un poco al tenis...» o «Necesito tomarme un descanso y salir al campo de golf», pero en cuanto llegaban allí, zas, se ponían más acelerados que antes. Se suponía que debían estar relajándose, pero lo que estaban haciendo era justo lo contrario.

Muchas veces he observado a los jugadores en el campo de golf en un precioso día soleado, con el *green* extendiéndose delante de ellos, rodeados de amigos. En esos momentos tenían todo lo necesario para pasarlo maravillosamente, pero sus rostros reflejaban algo muy distinto: concentración sombría, decepción, resentimiento. No es extraño que la causa número uno de fallecimiento en el campo de golf sea el paro cardiaco. El estrés que sufrimos no es inherente al golf o al tenis. Surge del significado que le atribuimos a ganar y perder, a jugar bien o no jugar bien. Elegir de forma consciente un nuevo significado es el primer paso para superar el estrés y sus efectos negativos. Como las reglas del golf no dicen nada acerca de su significado, cada jugador es libre de darle el que desee. Elegirlo conscientemente quiere decir preguntarte a ti mismo no solo cuál podría ser para ti el objetivo del golf sino también la razón por la que juegas en un día determinado. ¿Cuál es tu propósito? Puedes elegir entre jugar para hacer ejercicio, para disfrutar de la camaradería de tus compañeros, o simplemente para desconectar de todo y gozar de la belleza de la naturaleza. También puede ser que juegues para aprender algo sobre ti mismo, para practicar la concentración o para experimentar con el poder de elegir el significado que ese día le quieres dar al juego. Quizá descubras que no es tan fácil. El significado que la sociedad y tus amigos le han dado ejerce una influencia inconsciente y, al final, querrá imponerse. Tendrás que practicar tu declaración de intenciones: «Hoy no he venido aquí para demostrar mi destreza, he venido para_____».

DESACELERANDO

Pasamos los días acelerando y desacelerando, y la mayor parte de las veces es inconsciente. El problema surge cuando la frustración o el miedo crónicos, o el agobio, nos llevan al agotamiento. Cualquiera puede darse cuenta de esto con solo observarse a sí mismo. Cuando estamos excesivamente estresados, somos como una esponja seca que apenas tiene líquido pero siguen estrujándola. Incapaces de soportarlo, empezamos a desgarrarnos. Se trata de permanecer lo bastante conscientes para darnos cuenta de cuándo hay que aumentar el ritmo y cuándo hay que reducirlo. Es cuestión de tomar decisiones conscientes.

Si en lugar de bajar el ritmo, abusamos de los estimulantes u otros medios artificiales para seguir manteniéndolo, el agotamiento puede llegar a producirse incluso antes. Para los seres humanos desacelerar es una necesidad tan vital como acelerar. Hay maneras de reducir la velocidad, como el descanso, la relajación, el ocio y la reflexión, que resultan esenciales para nuestra estabilidad y bienestar.

Piensa en lo que le sucede a una persona en un día normal. Hay muchas situaciones que pueden ser estresantes. Ir al trabajo y quedarte atascado en un embotellamiento de tráfico: estresante. Llegar al trabajo y sentir una falta de control, una falta de apreciación, muchas tareas por hacer, poco tiempo: estresante. Volver a casa, enfrentarte a problemas personales complejos: estresante. Sentarte, ver las noticias del telediario: estresante. Después de esto nos vamos a dormir, o a intentarlo. Este es el momento en que nuestros cuerpos acelerados durante el día entero tienen la oportunidad de bajar el ritmo y recuperarse. Sin embargo, como es más fácil acelerarse que desacelerar, puede que resulte difícil lograr el ansiado reposo. En la vida moderna los trastornos del sueño son un problema muy común.

Un buen ejemplo de esta dinámica es el desfase horario. Sabemos que este es un fenómeno real. Cuando cruzas franjas horarias viajando de un lugar a otro, tu cuerpo físico está ahí pero tus procesos fisiológicos necesitan tiempo para adaptarse. El sistema digestivo precisa más tiempo para ajustarse que el sistema musculoesquelético, la coordinación fina más que la coordinación general, las facultades mentales necesitan todavía más y la respuesta emocional es la que se ve más afectada por el desfase. De manera que aquí tenemos un cuerpo que ha dado un salto en el espacio y ha llegado a su destino en unas diez o doce horas, pero se encuentra temporalmente afectado.

En Estados Unidos predomina la mentalidad de presionarnos a nosotros mismos para superar nuestros límites. Funcionamos como un Volkswagen trucado al que se le hubiera colocado un motor de 400 caballos que corre y corre sin parar. El motor es tan poderoso que con el tiempo termina rompiendo el resto del vehículo. Los guardabarros se caen, el capó se resquebraja, las ventanas se rompen... Al final el coche entero está destrozado, pero el motor sigue funcionando. La mente puede ser como ese motor de 400 caballos, y el cuerpo como el Volkswagen, más frágil, al que va empujando de un lado para otro. Así es como nos tratamos a nosotros mismos cuando no somos capaces de reducir el ritmo y establecer una velocidad adecuada.

FICHA DEL PACIENTE

del doctor John Horton

ANDANDO SIN GASOLINA

Uno de mis pacientes es dueño de un gimnasio. Un día me preguntó si estaría dispuesto a hacerme cargo de algunos de sus «ratones de gimnasio» que se pasaban enfermos bastante tiempo. Empecé a ver a estos pacientes y descubrí que no podían recuperarse de un simple resfriado o una gripe porque insistían en hacer todos los días varias horas de ejercicios aeróbicos de alto impacto. Su justificación era que el ejercicio les hacía sentir bien y que sin él se sentían vacíos. Esto es lo que me dijo uno de ellos:

—Cuando no hago ejercicio me deprimo. La actividad física me ayuda a lidiar con el estrés de la vida diaria.

Sin embargo, a mí me resultaba obvio que en realidad un nivel tan intenso de ejercicio era contraproducente para ellos, porque no les permitía recuperarse de una enfermedad. El sistema inmunitario necesita un poco de espacio y energía para desarrollar anticuerpos que derroten a los virus, y los «ratones de gimnasio» no estaban dispuestos a permitir que este proceso se llevara a cabo. Lo que realmente querían era que les prescribiera más antibióticos, de diferentes clases, que no tendrían efecto contra las infecciones virales crónicas que padecían.

Al final no conseguí ayudarles porque estaban absolutamente convencidos de que era necesario estar continuamente en tensión para poder hacer frente a la vida. No creían que fuera importante reducir el ritmo. Desconocían sus propios recursos internos. Su compromiso con el ejercicio estaba por encima de las señales que les mandaban sus cuerpos: «Más despacio... Descansa». En cierto modo se habían convertido en adictos a sus propias endorfinas.

Las endorfinas que producen nuestros cuerpos cuando rinden al máximo nos hacen sentir bien, y si estamos constantemente acelerados llegamos a depender de ellas. Estas sustancias tienen un gran valor desde el punto de vista evolutivo. Cuando nuestros primitivos ancestros, que vivían en selvas llenas de peligros, sufrían mordeduras o desgarros de los depredadores, la descarga de endorfinas les ayudaba a olvidarse del dolor. De hecho, a veces nosotros «no sentimos dolor» a pesar de que nuestros cuerpos se encuentran exhaustos y estamos enfermando.

La investigación médica y el sentido común nos demuestran que realizar la cantidad adecuada de ejercicio nos permite recuperarnos antes del estrés y mejora nuestra salud general. La cuestión es: ¿en qué consiste la cantidad *adecuada*? Los «ratones de gimnasio» usaban el ejercicio extremo como único remedio para combatir el estrés, pero hacer ejercicio para cuidar la salud no es lo mismo que hacerlo para alcanzar un alto nivel de rendimiento, como es el caso de los deportistas. Cuando el objetivo del ejercicio es la salud, una de las variables clave es la capacidad de disfrutar, pero ellos se estaban torturando. Se habían obsesionado con trabajar sus músculos aunque para hacerlo tuvieran que impedir el desarrollo de otras capacidades esenciales para la supervivencia.

VIVIR SOBRECARGADOS

La queja más común que he escuchado en las empresas y en nuestros cursos sobre estrés es que las personas se sienten sobrecargadas. Simplemente hay demasiadas obligaciones y demandas. Resulta irónico pensar que las nuevas tecnologías, diseñadas para hacer el trabajo más eficiente, han tenido justo el efecto contrario. Muchos se quejan de estar agobiados por la necesidad de responder a un bombardeo diario de correos electrónicos. Una gerente me contó que al volver después de tres días de vacaciones, ¡había cuatrocientos correos electrónicos esperándola! ¿Podría haber algo más estresante que la presión para realizar más tareas de lo que es humanamente posible? Y sin embargo mucha gente se encuentra en esta misma situación, y cuando les pregunto qué podrían hacer para lograr algo de control sobre sus vidas, me miran como si me hubiera vuelto loco y me dicen: «No tengo elección, si quiero conservar mi trabajo».

Se trata de una paradoja: por un lado no existe la más remota posibilidad de que puedas hacer lo que te han pedido, pero por otro, de todos modos se da por hecho que lo harás, y tu opinión no cuenta. Si sigues así, te estrellarás. Es inevitable.

Nota médica: el compromiso con el equilibrio

doctores Edward Hanzelik y John Horton

¿Hasta qué punto está comprometido tu cuerpo con el equilibrio? En 1932 Walter Cannon, eminente fisiólogo e investigador médico, escribió un fascinante libro sobre este tema titulado *The Wisdom of the Body* (*La sabiduría del cuerpo*). Hoy día sigue siendo un clásico por su claridad y conocimiento. El doctor Cannon investigó las extraordinarias acciones que nuestro organismo lleva a cabo para mantenerse en equilibrio, u homeostasis, independientemente de los desafíos que se le presenten. Como ejemplo de lo importante que es el equilibrio para la vida, piensa en nuestra necesidad de oxígeno. Si nos quedamos más de unos minutos sin él, se producirá un daño irreversible en las células nerviosas y en poco tiempo falleceremos. Cuando realizamos un ejercicio físico vigoroso, nuestra necesidad de oxígeno puede llegar a multiplicarse por cuarenta y cinco, pero es posible que nuestra capacidad máxima de absorber oxígeno solo pueda ser doce veces superior a la que tenemos en condiciones normales. ¿Cómo responderá el cuerpo cuando necesita una sustancia tan vital como el oxígeno pero no consigue lograr ni siquiera una cantidad aproximada a la que requiere para cubrir sus necesidades?

Cannon descubrió que el cuerpo realiza numerosas acciones para asegurarse de poder cubrir su necesidad de oxígeno: la frecuencia respiratoria aumenta considerablemente y lleva una cantidad mucho mayor de oxígeno a los pulmones, se incrementa el volumen de sangre bombeada por el corazón, el ritmo de los latidos cardiacos se acelera y sube la presión sanguínea, el oxígeno pasa a los capilares con más facilidad, los tejidos se vuelven más capaces de extraer oxígeno de la sangre, e incluso aumenta repentinamente la capacidad del cuerpo de crear glóbulos rojos que son los que transportan el oxígeno. Todos estos extraordinarios cambios conforman la impresionante reacción del organismo ante un reto importante. El resultado es que el equilibrio se mantiene y nuestros tejidos consiguen un suministro consistente de oxígeno.

Cannon estudió desde esta perspectiva todos los sistemas corporales —como el equilibrio de los líquidos, la sal, el azúcar y el calcio en la sangre, las proteínas, la temperatura y otros— y descubrió que todos ellos constan de parecidos mecanismos complejos que tienen como finalidad proteger la homeostasis, sea cual sea el desafío físico.

Sin embargo, ¿qué sucede si el desafío a la homeostasis lo crean la mente o las emociones? ¿Qué ocurre cuando el estrés crónico desequilibra múltiples sistemas corporales? Cuando los desequilibrios vienen causados por el estrés crónico, no podemos quedarnos sentados sin más y esperar a que el cuerpo se esfuerce para recuperar el equilibrio. Tenemos que ejercitar la conciencia plena y la decisión. Debemos dar los pasos necesarios para mantener el equilibrio. Cuanto más lo practicamos, más natural y habitual se vuelve. Las ideas y herramientas del Juego Interior nos ayudan a ver claramente que de verdad podemos elegir y que tenemos acceso a recursos internos extraordinarios que nos permiten mantener nuestra estabilidad ante cualquier circunstancia.

Hace unos cuantos años me encontré en una situación en la que había aceptado demasiadas obligaciones. Al echar un vistazo a mi lista de asuntos pendientes, vi que había comprometido el doscientos cincuenta por ciento de mi tiempo. Me sentía como una línea aérea que se hubiese excedido vendiendo billetes: no había asientos para tantos cuerpos. ¿Cómo había permitido que sucediera eso? Muy fácil. Algunas personas me habían propuesto ideas que me interesaban, y yo les dije que sí porque realmente quería llevarlas a cabo, pero se me olvidó tener en cuenta que dispongo de un tiempo limitado.

La mayoría de la gente que viene a nuestros seminarios sobre el estrés asegura que tiene demasiadas cosas que hacer. En la mayor parte de los casos su respuesta a este problema es sacrificar horas de sueño, relajación y ocio, porque piensan que no son indispensables. Sin embargo, tal y como hemos visto antes, acelerar sin bajar el ritmo es lo peor que le puedes hacer a tu salud.

¿Es posible escapar de la tiranía de la lista de tareas pendientes? ¿Puedes elegir? Nunca he conocido a una persona que, si le dieran a elegir, no quisiera (y, por consiguiente, necesitara) más tiempo para descansar y reflexionar. Por tanto, mi conclusión es que se trata de un dilema que tiene que ver con la libertad. ¿Tenemos libertad para obtener más de aquello que queremos y necesitamos? No estoy hablando de liberarse *de*, sino de ser libres *para*.

FICHA DEL PACIENTE

del doctor John Horton

UN BLANCO FÁCIL

Roy, un ejecutivo de mediana edad preocupado por la salud, vino a verme durante sus vacaciones de Navidad. Se había hecho un corte en la cara al afeitarse que se había infectado gravemente y amenazaba con extenderse incluso al cerebro. Pudimos tratar la infección con varios días de antibióticos intravenosos en el hospital. Roy mejoró mucho, pero estaba perturbado por esa inesperada enfermedad que había surgido de un simple rasguño en el rostro.

—¿Cómo puedo ponerme tan enfermo por una pequeña infección bacteriana? —me preguntó.

La respuesta era sencilla. Había soportado un exceso de trabajo durante meses y su cuerpo se resentía de ello. Se sentía desgraciado en el trabajo; tenía que forzarse a sí mismo a acabar proyectos en los que no creía. Sin tiempo para descansar era lógico que, tarde o temprano, su organismo acusara el desgaste. No tuvo por qué ser la carga de trabajo lo que empujó a Roy al límite. Fue el estrés de un entorno laboral frustrante.

Hans Selye, autor de la clásica obra *The Stress of Life* (*El estrés de la vida*), cuyas teorías siguen vigentes en la investigación médica actual, descubrió que el cuerpo se adapta al estrés prolongado incrementando gradualmente la actividad del sistema nervioso simpático: la reacción de lucha-huida-parálisis. Durante un largo periodo de adaptación, los sistemas metabólicos terminan exhaustos y provocan un excesivo agotamiento. Selye comprobó que si no se restaura el equilibrio, las consecuencias pueden ser la enfermedad, y finalmente la muerte.

Para que te hagas una idea, imagínate qué ocurriría si te golpearas ligeramente el antebrazo con dos dedos. No sería una experiencia desagradable. Sin embargo, ¿qué sucedería si continuaras haciéndolo día tras día, durante una semana o un mes? La piel del antebrazo terminaría sufriendo un desgaste y finalmente aparecería una llaga. Del mismo modo, el estrés crónico se va desarrollando gradualmente con el tiempo, y al final desgasta nuestras reservas y conduce a la enfermedad.

Selye también observó que incluso en un estado cercano al agotamiento la gente se dedica a actividades que la estimulan y mantienen acelerado su sistema nervioso simpático, en lugar de responder al mensaje claro del cuerpo de que necesita descanso. Es como darle constantes latigazos a un caballo cansado y hacerle correr más deprisa. Además, estas personas luchan contra la fatiga por medio de café, té, refrescos con cafeína, cigarrillos, alcohol y comidas con alto contenido en grasas. Sin embargo, los estimulantes debilitan aún más al cuerpo y crean un mayor desequilibrio.

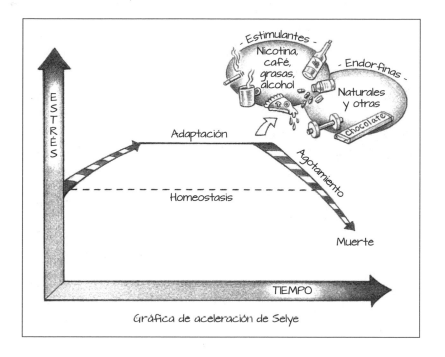

Gráfica de aceleración de Selye

LAS CUATRO ERRES

Muchos vivimos como si la vida fuera un ataque continuo del que hubiera que defenderse. Nos enfrentamos constantemente a los proyectos, a las pelotas de tenis y a nuestras tareas diarias. Vemos amenazas y enemigos por todas partes. Vivimos en un estado perenne de alerta, acechados por tigres de dientes de sable en una selva que nosotros mismos nos hemos creado. Espero que a estas alturas ya hayas empezado a darte cuenta de que vivir a la defensiva no te va a llevar muy lejos.

Edd y John han tenido mucho éxito enseñando a sus pacientes a practicar las cuatro erres: reposo, relajación, recreo y reflexión. Al principio a la mayoría le resulta difícil entender que no se trata solo de actividades que son «agradables», sino de factores esenciales para la vida y para la salud. Algunas veces necesitamos pasar por una experiencia crítica a nivel físico para ser capaces de ver la luz.

Cuando les preguntamos a los asistentes a los seminarios sobre el estrés cuánto tiempo dedican durante la semana al reposo, la relajación, el recreo y la reflexión, se revuelven incómodos en sus asientos. No pueden acordarse, no son capaces de identificar esos momentos. Simplemente están demasiado ocupados y agobiados con sus vidas. Otras respuestas son interesantes. Por ejemplo, Cynthia, participante de uno de los cursos, cuando le pregunté qué hacía para relajarse y desconectar, me respondió:

—Veo la tele.

Insistí:

—¿Qué ves?

Y empezó a contarme que seguía los telediarios y un programa de debate que trataba de forma obsesiva del caso de una niña de tres años que presuntamente había sido asesinada. Todas las noches dedicaba dos o tres horas a empaparse de los detalles escabrosos del caso. Alguien del grupo dijo:

—No sé de lo que estás hablando, no conozco esa historia.

Cynthia dejó escapar un suspiro y contestó:

—Te envidio.

En el mismo momento en que pronunció esas palabras, comprendió que tenía la elección de apagar la televisión.

A John le gusta hablar del tiempo que pasó trabajando en Taiwán. A diario, después de almorzar, la sociedad entera se detiene para hacer un descanso. A John le costó adaptarse porque se había criado en un mundo que decía: «Si te hace falta echar una siesta, eres un flojo». Pero con el tiempo llegó a apreciar la sabiduría cultural de esos momentos de reposo. En la cultura estadounidense, si se te ocurre decir que deberíamos dormir una siesta después del almuerzo, todo el mundo se reiría en tu cara. Por encima de todo valoramos el hecho de hacer cosas. Los buenos trabajadores almuerzan en la mesa de trabajo. No paran nunca sus actividades. Los directores quieren saber cómo pueden extraer una mayor productividad de los empleados durante cada uno de los minutos de su jornada laboral. Incluso en algunas empresas los trabajadores compiten por ser el último que sale de la oficina por la noche.

FICHA DEL PACIENTE

del doctor John Horton

LO QUE EL CUERPO NECESITA

Susan vino a hacerse unas pruebas porque tenía palpitaciones por las noches. Era una mujer joven, y parecía poco probable que tuviera una enfermedad del corazón, opinión que más tarde quedó corroborada al hacerle un examen exhaustivo. Le expliqué que a veces un exceso de cafeína o de estrés podía causar palpitaciones. Me dijo que la cafeína no era problema, pero que su vida, ya de por sí llena de obligaciones, últimamente se había vuelto aún más ajetreada. Se había ofrecido como voluntaria para ocupar un cargo en su comunidad que resultó mucho más exigente de lo que esperaba.

El instinto me decía que una receta efectiva para Susan tendría que incluir las cuatro erres: reposo, relajación, recreo y reflexión.

—Creo que podemos solucionar tu problema con bastante facilidad —le dije.

Se le iluminó el semblante y me miró deseosa de escuchar la respuesta. Sonreí.

—Tengo que advertirte de que cuando te diga lo que debes hacer te vas a reír porque te parecerá absurdo.

—De ninguna manera —contestó—. No me voy a reír. Confío en ti.

—De acuerdo —dije—, si puedes reservar media hora al día únicamente para ti, solo para sentarte y hacer lo que quieras, muy pronto resolverás tu problema.

Susan se rió.

La dejé en la sala de pruebas y le dije que la vería más tarde en la consulta. Cuando volví a mi consulta, unos minutos más tarde, me quedé estupefacto al verla sentada en una silla, sollozando. Preocupado, le pregunté si le había dicho algo que hubiera herido su sensibilidad.

Movió la cabeza de un lado a otro y se secó las lágrimas. Cuando pudo hablar, simplemente me dijo:

—No me había dado cuenta de lo mal que estoy.

Me explicó que le resultaba inconcebible la idea de disponer incluso de media hora para hacer lo que quisiera. Y estaba empezando a comprender que su situación estaba dañando el buen funcionamiento de su cuerpo. Es increíble la cantidad de pacientes con estrés y trastornos físicos que creen que no disponen de tiempo para dedicárselo a sí mismos. Naturalmente, al final emplean mucho más tiempo lidiando con las consecuencias del estrés.

Ejercicio: reflexiona sobre las cuatro erres

Plasma por escrito tus métodos preferidos de reposo, relajación, recreo y reflexión. Puedes incluir aquí los descansos, el *jogging*, los juegos, los deportes o simplemente tumbarte, las conversaciones que no tratan de negocios y otras actividades. Fíjate en el tiempo aproximado que dedicas semanalmente a cada una de las cuatro erres.

¿Cómo podrías evaluar si el tiempo que te has asignado es adecuado? ¿Notas una insuficiencia en algún área? ¿Cuáles son las consecuencias? ¿Qué acción podrías tomar para corregirlas?

EJERCICIO DELIBERADO

Al hablar de reducir el estrés se suele hacer una lista con los métodos más comunes que nos han enseñado: ejercicio, respiración profunda, etc. Pero las estrategias externas solo son efectivas cuando no jugamos bien el Juego Interior. Por ejemplo, en nuestros cursos, los participantes suelen mencionar el ejercicio como una buena forma de reducir el estrés. Sabemos que eso es lo que los médicos les dicen: «Si quieres disminuir el estrés, tienes que hacer ejercicio». Buen consejo, ¿verdad? Bueno, eso depende. Les enseñamos a los participantes tres ejemplos diferentes de ejercicios. En el primero una persona está en el gimnasio corriendo en una cinta mientras ve la televisión. En el segundo otra hace *jogging* por la mañana en la playa. En el tercero, alguien da un paseo por el campo por la tarde para visitar a un amigo con el que va a conversar tomando una copa al final del día.

¿Qué actividad es más sana? Ten en cuenta que las tres queman el mismo número de calorías y hacen trabajar a los mismos músculos. La gente suele pensar que si la actividad física es la misma, las tres actividades nos benefician de forma parecida. Ese es el juego externo. Pero si miras más allá, hacia las otras áreas que realzan la salud, verás que la persona que hace *jogging* en la playa puede obtener el beneficio adicional de apreciar la belleza de la naturaleza y la que atraviesa el campo para ver a un amigo no solo disfruta la belleza de la naturaleza, sino que tiene la oportunidad de relacionarse con un ser humano.

Un abogado de empresa muy ocupado que estaba asistiendo a nuestro curso mencionó que le resultaba tan complicado disponer de tiempo para hacer ejercicio que alquiló varios aparatos para montarse un gimnasio y contrató a un entrenador personal para que fuera a su casa. Una mañana, mientras estaba trabajando con el entrenador, miró hacia fuera. Tuvo una revelación.

—Comprendí que estaba pagando el equipo de gimnasia y a un entrenador para obligarme a hacer ejercicio, y que además estaba pagándole a un jardinero. Pensé que quizá si trabajaba un poco en el jardín, conseguiría matar tres pájaros de un tiro: ahorrarme el dinero del entrenador y el equipo, disfrutar del ejercicio al aire libre y mejorar mi jardín.

ESTABILIDAD FRENTE A ESTRÉS

Ahora has visto las verdaderas consecuencias físicas y emocionales del estrés, y puede que te hayas identificado con alguna de las historias. En este libro no te sugerimos que intentes luchar contra él, ni siquiera que aprendas a manejarlo. En lugar de eso existe una estrategia general que consiste en construir estabilidad. La estabilidad es lo que el estrés no consigue derribar. Se trata de un estado dinámico de ser que nos permite movernos en la dirección deseada. La estabilidad es muy valiosa tanto cuando tenemos estrés como cuando no lo tenemos. Si el estrés crónico es la ausencia de estabilidad, es razonable que construir estabilidad lo mitigue automáticamente. Por fortuna, sentimos una inclinación innata hacia la estabilidad y en contra del desequilibrio que produce el estrés, y esto hace que la elección resulte más fácil.

El primer paso es un compromiso basado en el conocimiento de que el estrés es perjudicial y necesitamos desarrollar una estabilidad interior. Este compromiso no es fácil en un mundo que piensa que el estrés es algo que debemos tolerar ya que se trata de la consecuencia natural de trabajar y relacionarnos con los demás. Este paso es una elección para superar la tiranía que ejerce sobre nosotros el estrés. Tienes la facultad de elegir valorar y proteger tu vida y vivir en equilibrio, incluso cuando tu mundo exterior se encuentre en crisis. Podrías decir que tu corazón tiene la capacidad de decidir apreciar y disfrutar la vida pase lo que pase.

En este libro se ofrecen una serie de herramientas que ayudan a desarrollar la estabilidad interior y te permiten vivir con una integridad interna gracias a la cual puedes ser fiel a ti mismo en medio de los cambios externos y las obligaciones que suelen afectar a nuestra capacidad de actuar, disfrutar y aprender. La estabilidad es más que sobrevivir, tener un buen trabajo y disfrutar de la familia. Es una fuerza interna basada en el conocimiento y la sabiduría. Para hacer práctico este compromiso, empezaremos examinando las bases de la estabilidad en la siguiente sección.

Segunda parte

ENGAÑANDO AL ESTRÉS

6

El código del Juego Interior: CEC

ada primavera tiene lugar un drama cerca de mi casa.
Los gorriones construyen sus nidos en los arbustos y
en los árboles y depositan en ellos los huevos. Cuando
los polluelos rompen el cascarón, su tamaño no es mayor que
el de mi pulgar. Entonces aparecen los depredadores (estorni-
nos, cuervos, de vez en cuando un halcón), que se lanzan contra
los nidos y apresan a las crías indefensas con sus picos. Cuando sucede esto, los gorriones enloquecen, empiezan a volar en
círculos alrededor del nido, pían frenéticamente. Se vuelven
histéricos, pero no pueden hacer nada. Los depredadores son
demasiado poderosos. Esto sucede todos los años. Sé que así
es como funcionan las cosas en la naturaleza, pero hay veces en
que me gustaría hablar con los gorriones: «Chicos, ¿no podríais
pensar en una estrategia para la primavera que viene?».

Los pájaros y el resto de los animales están claramente
programados para adaptarse a los comportamientos de su es-
pecie. Tienen muy poca capacidad de elección sobre lo que

hacen o dejan de hacer en las relaciones que mantienen entre sí o con el entorno.

Como humanos, poseemos un don extraordinario que los gorriones no tienen: la conciencia. No somos seres indefensos a los que no les queda más remedio que quedarse sentados viendo cómo los zarandean las circunstancias. Podemos detenernos y pensar, aclarar nuestras prioridades, reflexionar sobre las opciones de que disponemos, trazar un plan, elegir una manera mejor de hacer las cosas. No hace falta que nos esforcemos para lograr una conciencia. Ya la tenemos. Solo necesitamos ejercitarla. Sin embargo, con mucha frecuencia nuestra reacción ante las situaciones estresantes consiste en darles vueltas y más vueltas con una actitud de desamparo, lo mismo que los gorriones, en lugar de usar el don de la conciencia.

Muchas veces nos limitamos a nosotros mismos al vivir de acuerdo con los condicionamientos culturales que hemos recibido de la familia, los amigos y el resto de la sociedad. Esgrimimos los juicios que nos inculcan sobre lo que está bien y lo que está mal, lo que es correcto y lo que no lo es, y un sinfín de cosas más, sin detenernos a pensar realmente por nuestra cuenta. Estos juicios pueden interferir en nuestra capacidad de ver las cosas como son. La cuestión es: ¿cómo podemos usar nuestras facultades críticas innatas de una manera productiva y que no nos cause estrés? Durante los más de treinta años que llevo trabajando con el Juego Interior, me he centrado únicamente en tres principios de aprendizaje. Estos principios son simples pero fundamentales para avanzar en la vida. Se trata de CEC:

- Conciencia.
- Elección.
- Confianza.

Vamos a examinar estos principios. Cada uno es parte de un todo que nos permite llevar a cabo los cambios deseados, aprender e incluso desaprender.

La conciencia

La conciencia es una de las herramientas fundamentales de la mente humana. Ilumina y lo hace todo visible, lo mismo que una luz. Por su propia naturaleza, no juzga. Simplemente revela lo que está sucediendo en el aquí y ahora en el que transcurre la vida. Ve, siente, escucha y entiende *lo que es*, sin distorsionarlo.

Si sabes a dónde vas, el simple hecho de ser consciente de dónde estás te enseñará cuáles son los próximos pasos que debes dar. Por ejemplo, cuando era entrenador de tenis, si un

alumno golpeaba la pelota fuera del centro de la raqueta, en lugar de analizar por qué lo hacía, simplemente le pedía que fuera consciente de dónde estaba golpeando la pelota, sin tratar de hacer ningún cambio. Sin que el jugador hiciera el menor esfuerzo por controlar a excepción de tomar conciencia de con qué parte de la raqueta estaba golpeando, las pelotas empezaban a dar en el centro una tras otra. ¿Por qué? La conciencia en sí misma informaba al Yo 2 de qué era lo que producía una sensación más agradable, sonaba mejor y golpeaba mejor la pelota. El Yo 2 llevaba a cabo ajustes sutiles de una manera totalmente espontánea.

Del mismo modo, si te pido que en este preciso momento seas más consciente de cómo estás sentado mientras lees esta página, es probable que efectúes leves cambios en la posición de tu cuerpo, si no te sientes del todo cómodo.

La atención es la concentración de la conciencia. Te permite percatarte en mayor medida de cualquier cosa que esté en la dirección de tu concentración. El punto y el momento en el que enfocas tu atención causa un impacto. En cualquier situación hay incontables puntos en los que podemos enfocar la atención, pero el mejor lugar para empezar es lo que llamo las variables clave de esa situación. Para mí una variable clave es cualquier elemento que cambia y es fundamental para lograr el objetivo deseado. Por ejemplo, al conducir, tu velocidad, tu posición en el carril y la proximidad de otros vehículos son algunas de las variables clave más claras. Dicho de una manera sencilla, cuando fijas la atención en las variables clave avanzas en sintonía con tu objetivo.

No todas las variables clave son externas. Algunos de los puntos más eficientes para fijar la atención se encuentran dentro de nosotros, por ejemplo en tu actitud, tu optimismo, tus intenciones y el grado en que disfrutas. De hecho, los médicos aseguran que desde un punto de vista clínico, la variable clave del estrés es la medida en que disfrutas lo que estás haciendo.

Concentrarse en las variables clave te beneficia de dos maneras importantes. En primer lugar, mantiene tu mente en el presente y te proporciona la información que necesitas para avanzar en la dirección deseada. En segundo lugar, no deja espacio en tu conciencia para la interferencia del Yo 1 con sus comentarios acerca de lo que podría ocurrir en el futuro o lo que ocurrió en el pasado. Se trata simplemente de ser capaz de mirar y ver algo tal y como es, sin la intrusión de juicios, sin «correcto» o «incorrecto», «bueno» o «malo», «debería» o «podría». Este es el primer paso a fin de llegar a sentirte lo bastante libre en tu mente para desarrollar la sabiduría. El secreto es que, si quieres cambiar algo, primero debes ser más consciente de *cómo es*.

Una vez estaba entrenando a Phil, un ejecutivo con fama de ser bastante agresivo con sus subordinados. Parecía como si todo el mundo se diera cuenta menos él. Pensando que podría ponerse a la defensiva si le hablaba directamente de su comportamiento, le hice la siguiente pregunta:

—¿Cómo sabes si tus empleados te están escuchando de verdad cuando les hablas?

—Bueno —dijo, sin pensar demasiado—, lo sé por cómo mantienen el contacto visual conmigo, por el lenguaje corporal y, por último, por si hacen o no lo que les he dicho.

—Durante la próxima semana —le pedí—, cuando hables con tus empleados, quiero que te limites a fijarte en estas variables, sin hacer ningún tipo de juicios. Luego, al final de la semana, nos reuniremos para ver lo que has observado.

Phil se marchó. La tarea había despertado su curiosidad, y volvió a la semana siguiente tan sorprendido como emocionado.

—Fue increíble —dijo—. Al principio de la semana había muy poco contacto visual, y en muchos casos los empleados hablaban conmigo con los brazos cruzados sobre el pecho; parecía como si se resistieran a seguir mis instrucciones. Pero para el final de la semana, sin el menor cambio por mi parte, empezaron a actuar de forma muy diferente. Me miraban a los ojos, parecía como si estuvieran intentando absorber lo que les estaba diciendo, y empezaron a lograr resultados mejores y más rápidos que nunca. ¿A qué crees que se debe?

—No estoy seguro —respondí—, pero tu tarea para la próxima semana va a ser tomar conciencia de tu tono de voz cuando les hablas a tus empleados. No tienes que juzgar nada. Solo prestar atención.

Los resultados fueron como podrías esperar. Phil notó que se producía un cambio significativo en su tono de voz cuando establecía una buena conexión con sus empleados. Además de cambiar su forma de comportarse sin sufrir estrés, mientras lo hacía aprendió el poder de tomar conciencia de algo sin criticarlo. Imagino que al mismo tiempo su personal también experimentó menos estrés.

FICHA DEL PACIENTE

del doctor John Horton

DOLOR ABDOMINAL

Un joven llamado Joe vino a verme aquejado de fuertes dolores de estómago y náuseas. Joe pensaba que podía tener una úlcera o incluso cáncer. Estaba muy preocupado. Le hice un examen médico exhaustivo y no pude encontrar ninguna causa específica. Por eso lo remití al gastroenterólogo; le hicieron más pruebas pero no detectaron ninguna enfermedad.

Me resistía a hablarle a Joe sobre sus niveles de estrés porque sabía que se lo tomaría como una señal de debilidad y de no ser lo bastante bueno para enfrentarse a los retos de su trabajo. Me contó que su padre era un hombre ambicioso, muy duro, que le había puesto el listón muy alto. Además, estaba recién casado y su esposa quería tener hijos. Joe no era una de esas personas que se paran a reflexionar, tan solo quería correr, llegar muy lejos en su carrera. Una carrera en la que estaba sometido a una gran presión. Su familia estaba tratando de convencerlo para que fuera a la Clínica Mayo, donde podrían examinarlo los mejores especialistas y quizá llegar a descubrir algún tipo raro de enfermedad que explicara sus dolores de estómago.

Sospechando que sus síntomas tenían relación con el estrés, le pregunté si antes de recurrir a la Clínica Mayo estaría dispuesto a realizar un ejercicio de autoconciencia. Tan solo le pedí que se observara durante una semana, que se fijara en el dolor y en sus comportamientos justo antes de que este apareciera. Tenía que hacer estas observaciones sin ningún tipo de juicios, y ver qué era lo que podía descubrir. Se comprometió a hacerlo.

A la semana siguiente Joe volvió a mi consulta con una sonrisa de oreja a oreja. Me dijo:

—Doctor Horton, el dolor y las náuseas han desaparecido en un ochenta por ciento.

Me quedé impresionado.

—Eso es extraordinario —dije—. ¿Qué pasó?

Joe me explicó que un día regresó a casa del trabajo, muy cansado. Como siempre, se sentó con las piernas cruzadas delante del televisor, colocó en el suelo un libro que estaba estudiando y puso las noticias. Su esposa le sirvió un plato de comida y también lo colocó frente a él. Mientras comía, veía la televisión y pasaba las páginas del libro, empezó a sentir el conocido malestar en el estómago. Esta vez se propuso pensar en lo que estaba haciendo. Estaba doblado prácticamente en un ángulo de noventa grados, con las piernas cruzadas casi formando una rosca, comiendo, leyendo y viendo la televisión, todo al mismo tiempo. Sin decir una palabra, se levantó, se llevó el plato a la mesa y se sentó frente a su esposa. Por primera vez en meses tuvieron una conversación agradable durante la cena, hizo la digestión fácilmente y el dolor desapareció.

Cuando me contó la historia, me reí.

—Si lo hubiera sabido, en la primera visita te habría prescrito que dejaras de comer doblado y con las piernas cruzadas —le dije.

El veinte por ciento restante de sus síntomas se resolvió cuando se dio cuenta de los nervios que sentía antes de los almuerzos de negocios con su jefa y otros gerentes. Decidió comer unas horas antes o después de las reuniones.

Joe recordó que cuando le dijo a su jefa que tenía un dolor de estómago crónico ella le preguntó si seguía comiendo comida para bebés. Cuando le contestó que no, ella le dijo:

—Entonces todavía no eres un ejecutivo de empresa serio.

Para algunos tener una enfermedad relacionada con el estrés es como un distintivo de valentía: un signo de que están dispuestos a sacrificarse por la causa.

He tenido el placer de ver cómo Joe capeaba las pruebas y tribulaciones de la familia y el trabajo con salud y disfrutando de la vida. La última vez que le vi dirigía un departamento de cuarenta empleados en una situación en la que se estaba reduciendo la plantilla y cada uno de los trabajadores soportaba una carga excesiva de trabajo. Estaba empezando su propio negocio y disfrutando de su familia. Cuando le pregunté si tenía algún síntoma de estrés, me dijo enérgicamente:

—Ya no me dedico a eso.

Ejercicio: observar una variable clave

Elige una de las situaciones estresantes que has mencionado en los ejercicios anteriores. Ahora escoge una variable clave interna que puedas observar, como por ejemplo la actitud, la intención o el disfrute. Durante la próxima semana cada vez que pienses en esto sitúa a esta variable en una escala de uno a diez, dependiendo de hasta qué punto esté presente. Nota cualquier tipo de cambios que se produzcan en tu nivel de estrés mientras realizas este ejercicio.

La elección

Ser consciente es en sí mismo una elección. Tienes la elección de cerrar los ojos, enterrar la cabeza en la arena y simplemente negar la verdad. Con frecuencia esta negativa se basa en los juicios o en el miedo. Ser consciente sin juzgar te da el poder de mirar al miedo cara a cara. Cuando te quitas las gafas de la crítica y los prejuicios, resulta más fácil ver la realidad que tienes delante de ti. Esto no significa que a veces no sea duro aceptarla, ni que la confrontación con ella deje de ser dolorosa. Pero en este tipo de confrontaciones es donde más aprendemos. La elección te corresponde a ti.

La elección consciente se da en el momento en que comprendes que posees esa capacidad de elegir. El desafío consiste en *ejercitar* tu elección consciente. La otra alternativa es pasar tus días sin darte cuenta de las elecciones que estás haciendo, ignorar de dónde surgen esas elecciones o sus consecuencias.

Es difícil aprender de una elección inconsciente. Parece que simplemente se da, sin más, y al final terminamos sufriendo sus consecuencias sin ni siquiera ser capaces de descubrir el rastro de nuestras propias elecciones. En lugar de aprender a resolver un problema conforme se nos presenta, seguimos convocando una y otra vez los mismos problemas hasta que finalmente aprendemos. En resumen, las elecciones inconscientes nos desestabilizan, mientras que las conscientes incrementan nuestra estabilidad. Esta es como un gran río cuya fuente se encuentra en las montañas y va aumentando gota a gota (elección a elección).

Los profesionales de la salud están cada vez más convencidos de que la clave para prevenir las enfermedades radica en la responsabilidad personal. Un estudio llevado a cabo por Ralph L. Keeney, profesor investigador de la Escuela de Negocios de Fuqua, descubrió que las decisiones personales provocan al año alrededor de un millón de muertes prematuras en Estados Unidos. Aunque se suele considerar al cáncer y las enfermedades cardiacas las causas más extendidas de fallecimiento, en realidad resulta mucho más acertado afirmar que la causa se halla en las decisiones que tomamos a nivel individual; con frecuencia en la raíz de estas enfermedades se encuentran comportamientos como el tabaquismo o una alimentación poco saludable. De igual modo, comportamientos como la drogadicción o la conducción temeraria contribuyen enormemente a ocasionar una gran cantidad de muertes que podrían evitarse.

¿En qué basamos nuestras elecciones? Esta es una de nuestras decisiones fundamentales. Algunos dicen que hay que basar las elecciones en la razón, y otros, en los sentimientos o en la intuición. La mayoría no es consciente de que las elecciones surgen de nuestros deseos. Como el amor es un sentimiento, podemos sentir las elecciones basadas en el amor, así como los deseos de superación, paz interior y satisfacción, que son inherentes a nosotros y pueden orientar nuestras elecciones. La sensación que transmiten es distinta de los deseos del Yo 1, que puede querer algo simplemente porque alguien más lo tiene. Por suerte, posees la capacidad de distinguir entre las elecciones que surgen de tu autoconocimiento y tu intuición y las que surgen de tus deseos mentales. Esta facultad es una clave fundamental para la conciencia y la evolución humana. El estrés interfiere en la capacidad de establecer distinciones importantes. El miedo enfoca la atención en el exterior, en el peligro que percibimos, y así perdemos contacto con nuestras necesidades y nuestros sentimientos más sutiles.

Por ejemplo, digamos que es Navidad y decides comprar unos regalos para tus seres queridos. Haces una lista con sus nombres, compras los regalos, los envuelves y se los mandas. No obstante, a veces es fácil dejarse absorber tanto por las tareas de la lista que llegamos a olvidarnos del propósito que en un principio nos impulsó a hacer los regalos. Muchas veces oigo a la gente quejarse de lo ajetreada que está durante estas fiestas —nada que ver con «el espíritu de la Navidad»—. Sin embargo, cuando permaneces conectado con el sentimiento que originó toda esa serie de acciones, puedes vivirlas de una manera más satisfactoria. Tener presente tu propósito día a día te proporciona una gran estabilidad.

Saber lo que quieres y recordarlo de una manera que te resulte auténtica te permite mantener una relación estable contigo mismo. Obviamente puedes pensar en lo que quieres y en sus consecuencias para ti y para los demás, pero poder sentirlo claramente tiene mucha más profundidad que un simple concepto mental. Ignorar lo que de verdad deseas con objeto de agradar a los demás, o simplemente elegir lo más cómodo, debilita tu estabilidad.

Ejercicio: el resultado deseado

Vuelve a pensar en tu situación estresante y considera cuáles serían los deseos inconscientes que pueden haber intensificado tu nivel de estrés. ¿Dónde se originaron estas elecciones?

Reflexiona sobre el resultado que deseas para esta situación. Busca el sentimiento del que surge este deseo y la elección o elecciones conscientes a las que estás dispuesto a comprometerte. Plasma tu compromiso por escrito.

La confianza

La tercera cara del triángulo CEC es la confianza. En realidad, lo mismo que sucede con cualquier otro triángulo, no hay una cara primera, segunda o tercera en orden de importancia, sino que todas son interdependientes entre sí. Sin confianza en tu capacidad de ser consciente o de hacer elecciones conscientes, te quedarás inmovilizado.

La conciencia te dice dónde te encuentras; la elección, dónde quieres estar. Entre los dos puntos surge una tensión natural. La confianza en tus propios recursos, internos y externos, es el ingrediente clave para avanzar en la dirección de tu resultado deseado.

La confianza, por sí misma, no puede considerarse una virtud. La virtud es confiar en lo que es digno de confianza. ¿Y cómo sabes que lo es? Muchos te dirán en qué puedes confiar, pero a la hora de la verdad tienes que dejarte guiar por tu propia sabiduría. La paradoja es que, en realidad, sobre esto no tienes elección. Incluso si quieres poner tu confianza en otra persona, en un libro o en una idea, eres tú quien decide en quién o en qué confiar. Cuando pones tu confianza en alguien o en algo ajeno a ti, sigues confiando en ti mismo para decidir quién o qué es digno de confianza. Al final siempre eres *tú* el que decide.

Pero aquí está la clave del asunto. Si confías en el Yo 1, te sentirás confuso y ansioso, porque él, por su propia naturaleza, no es fiable. En cambio, cuando confías en el Yo 2 y en sus capacidades internas, los resultados parecen cosa de magia. Cuanto más confías, más fiable se vuelve. Fíjate en cómo confían los niños en sí mismos y en su capacidad de aprender, de amar, de disfrutar. Se trata de una confianza natural sin la cual sería muy difícil que crecieran o evolucionaran.

En el fondo, confiar en el Yo 2 es lo mismo que confiar en la vida, algo que hacemos de una forma intuitiva y espontánea, sin darnos cuenta de ello. Confiamos en que nuestros corazones son capaces de latir y en que nuestros pulmones pueden respirar. Si nos preocupáramos de cada uno de nuestros latidos o no estuviéramos seguros de si podríamos volver a respirar una vez más, nos quedaríamos paralizados. Sin embargo, tenemos una capacidad innata para confiar, sin necesidad de esforzarnos, en que nuestro cuerpo funcionará apropiadamente a menos que algo se lo impida.

Probablemente esto sea lo más difícil de entender: que de verdad podemos confiar en que funcionaremos a la perfección, de una manera productiva, y en que nuestra intuición sabe cómo, qué y quiénes somos.

Vamos a ir un poco más lejos. ¿Podrías confiar en que puedes vivir bien, en que la vida no está contra ti? Cuando te concentras en todo lo «bueno» que la vida te está dando, te preocupas menos acerca de lo «malo,» y puedes avanzar con más facilidad.

Una vez trabajé como asesor para Matt, un ejecutivo cuya empresa se encontraba en una situación muy precaria. Matt me había dicho:

—Estoy acostumbrado a aguantar un alto nivel de estrés. Pero en esa ocasión estaba metido en un lío. Había invertido una gran cantidad de dinero en crear una empresa y hasta ahora no había tenido ni un solo cliente. Se sentía enojado, frustrado y avergonzado. Su confianza en sí mismo estaba por los suelos, y decía:

—Me siento como un fracasado.

Matt estaba buscando una estrategia de negocios para cambiar la situación. Yo no podía darle una solución cien por cien segura. Puede que el negocio funcionara o puede que no. Vi que lo primero que tenía que hacer era separar el resultado de su propio valor como persona. Y mientras se esforzaba por sacar a flote el negocio, tenía dos elecciones: podía preocuparse de que el resultado representara su valor como ser humano o podía confiar. ¿Confiar en qué? En su más que demostrada capacidad para salir adelante y ser productivo. El esfuerzo y la confianza en sí mismo le situarían en la mejor posición posible para tener éxito. La ira, la falta de confianza en su valía y la confusión le estorbarían. Se dio cuenta de que era así de simple.

FICHA DEL PACIENTE

del doctor John Horton

CONFÍA EN EL MENSAJERO

A Mary, una paciente con esclerosis múltiple, le estaba costando mucho recuperarse de una enfermedad viral. Se disponía a viajar a una conferencia importante en unas semanas y le angustiaba pensar que no iba a ser capaz de recuperarse de la gripe para entonces. Todos los miembros de su familia habían estado enfermos, pero se habían recobrado con facilidad. Mary no. De hecho, cada día que pasaba estaba peor y cada vez que hacía un esfuerzo sudaba profusamente. Le expliqué que las personas con EM (esclerosis múltiple) tienen una mayor dificultad para recuperarse de las enfermedades y que necesitaba descansar. Este fue el inicio de una conversación extraordinaria.

Mary me dijo que aborrecía la idea de «quedarse sentada sin hacer nada». Cuando era niña, había visto a su madre deprimida e inmóvil, y asociaba la inactividad a la depresión de su madre. Aunque ella sufría EM, era una mujer con una energía increíble y se esforzaba constantemente.

—La verdad es que no sé descansar –admitió.

—¿Puedes confiar en tu cuerpo? –le pregunté–. A ti descansar te parece algo negativo, pero tu cuerpo te está diciendo que en estos momentos lo más productivo que podrías hacer es no hacer nada.

Entender esto supuso un tremendo avance para Mary. Cuando aceptó la necesidad de descansar que sentía, comenzó a recuperarse rápidamente. En el proceso descubrió que le encantaba el puro placer de no hacer nada. Para ella era una experiencia casi religiosa. Resumiendo, aprendió a confiar en la sensación de la sabiduría de su propio cuerpo en lugar de en el miedo a quedar inmovilizada por la depresión como su madre.

Cuando confías en que posees los recursos internos para vencer al estrés, esa confianza se convierte en la base de tu estabilidad.

Ejercicio: confiar

Piensa en una circunstancia estresante y haz una lista de aquello en lo que confías en esta situación. Plantéate si es digno de confianza o si te deja una sensación de incertidumbre e inestabilidad. ¿Tu confianza se basa en tu propia experiencia o en un concepto que te hayan enseñado?

7

Tu árbol de la estabilidad

L a estabilidad es lo que se resiste a sucumbir. No es una fuerza externa, sino la resiliencia interna. Imagina dos árboles en medio de un vendaval. Uno es una palmera de la playa cuyo tronco flexible le permite doblarse y agitarse con el viento sin romperse. En una tormenta muy fuerte puede inclinarse prácticamente a ras de la arena, pero cuando el viento se calma vuelve a ponerse recto. Otro árbol, quizá un roble, con un tronco grueso y rígido, puede llegar a partirse en dos en un vendaval fuerte. ¿Qué causa la diferencia entre las suertes que corren ambos árboles? No es la fuerza del viento. Es la estabilidad de las raíces y la flexibilidad del tronco y las ramas. También nosotros necesitamos estabilidad y flexibilidad para enfrentarnos a los vientos del cambio y la pérdida.

Uno de los objetivos del Juego Interior es construir unos cimientos de estabilidad. Para usar un ejemplo sencillo, piensa en el cuento infantil de los tres cerditos. El primer cerdito construyó su casa con paja porque era lo más fácil. El segundo la levantó de madera, un poco más fuerte que la casa de paja. El tercero, de ladrillos. Una noche apareció el terrible lobo feroz. Sopló hasta derribar la casa de paja y se comió al primer cerdito. Luego sopló hasta derrumbar la casa de madera y se comió al segundo. Pero cuando llegó a la de ladrillos, no consiguió derribarla soplando. Lo importante no es lo que haces en el momento de estrés, cuando ya es muy tarde para protegerse a uno mismo. Lo importante es cómo construyes tu estabilidad interna para estar protegido cuando el lobo sople en la puerta de tu casa.

El objetivo del siguiente ejercicio es ayudarte a entender tu propia estabilidad. Te aportará más beneficios si lo haces ahora, antes de seguir leyendo este capítulo.

Ejercicio: tu árbol de la estabilidad

El ejercicio del árbol de la estabilidad es una buena manera de hacerte consciente de lo fuertes y profundas que son tus raíces, así como de obtener una visión general de tu nivel actual de estabilidad. Conforme vas haciendo cambios, puede que te interese volver a hacer este ejercicio para verificar tu progreso.

1. Usa el árbol de la página siguiente o dibuja tú mismo uno con el tronco en el centro de la página. Dótalo de raíces de diferentes grosores y profundidades.

2. Ponle a cada raíz el nombre de un aspecto de tu vida que contribuya a tu estabilidad. Para ayudarte a identificar tus raíces, puedes preguntarte a ti mismo: «¿Sin esto sería menos estable?». Procura que la profundidad y grosor de la raíz refleje

su importancia. Dibújalo de forma espontánea. No hay necesidad de analizarlo mientras lo vas haciendo.

3. Por encima del árbol añade elementos que puedan agitarlo o amenazarlo (como la lluvia, el relámpago

y el viento) y escribe en cada uno de ellos el nombre de alguno de los mayores factores estresantes de tu vida que amenacen tu estabilidad. Además de los factores externos, puedes incluir la voz interna del creador de estrés.

4. Haz una valoración de la fortaleza general de tu árbol. Pregúntate a ti mismo: «¿Qué haría falta ahora mismo para poner en peligro mi estabilidad? ¿Cuál sería la mínima circunstancia que podría derribar a este árbol?». Si la mínima fuera un tornado cayendo sobre tu jardín, yo diría que tu árbol es bastante estable. Pero si estás en un punto en el que lo mínimo que se necesita es un pequeño vendaval, te hallas cerca del límite y necesitas raíces más fuertes.

5. Siéntate y reflexiona sobre las raíces de estabilidad de tu árbol. Intenta ver si se te ocurre alguna idea nueva o notas algo en lo que no te habías fijado antes. No es raro que alguien descubra que ha puesto un mismo elemento en la lista de raíces de estabilidad y en la de mayores factores estresantes. Por ejemplo, tu trabajo puede ser un factor importante de tu estabilidad, ya que te proporciona ingresos y quizá le da un significado a tu vida, pero también puede ser una fuente de estrés. De hecho, la amenaza del despido, con la pérdida de esa raíz, puede constituir una preocupación constante. Del mismo modo, si una de tus raíces es la salud física, ¿cómo temblaría tu árbol si recibieras un diagnóstico médico grave? La familia también puede proporcionar una gran estabilidad y al mismo tiempo ser una fuente de estrés. Todos nos

apoyamos en nuestros seres queridos, en nuestro trabajo y en nuestra salud para mantenernos fuertes. Es natural. Pero estos elementos causan inestabilidad en nuestro árbol, porque si resultan amenazados, tiemblan los cimientos.

Otra manera de examinar tus raíces consiste en tener en cuenta si son externas o internas. Un hijo puede irse de la casa, una carrera puede cambiar su curso, un matrimonio se puede romper, el padre o la madre pueden morir. Si tu estabilidad se basa en algún elemento de este tipo, estarás en constante peligro de que factores sobre los que no tienes control la destruyan. Por lo general cuando hacemos el primer ejercicio del árbol de la estabilidad en nuestros cursos, casi todas las raíces que nombran los participantes son externas. Al final del curso han aprendido a valorar la estabilidad de las raíces internas.

En nuestros seminarios sobre el estrés, cuando los asistentes reflexionan sobre su árbol de la estabilidad, puede que se les ocurran ideas muy distintas. En un taller en el que participé recientemente, uno de los participantes dijo:

—Si no consigo más raíces pronto, mi árbol se va a caer.

Otro, al finalizar el taller, comentó:

—Me sorprendió ver la cantidad de raíces que tenía. Ahora, cada vez que siento estrés me acuerdo de todas las raíces de estabilidad que tiene mi árbol y en seguida comienzo a sentirme más fuerte.

Este ejercicio de sentido común ha ayudado a muchos a aclarar la diferencia entre el Juego Interior y el juego exterior, y a apreciar el efecto que esta distinción puede tener sobre su estabilidad.

FICHA DEL PACIENTE

del doctor Edd Hanzelik

ESPÍRITUS INQUEBRANTABLES

Después del terremoto de Northridge, California, en enero de 1994, estuve viendo pacientes que lo habían vivido muy de cerca. Habían perdido sus casas y sufrido un trastorno tremendo, y sin embargo se sentían tranquilos. Estaban contentos y agradecidos de estar vivos. Se mantenían ocupados buscando una nueva vivienda. No estaban en absoluto agitados. Luego había otros que no podían dormir, que no podían respirar normalmente. Necesitaban psicoterapia. Estos síntomas con frecuencia continuaban durante meses y meses. El terremoto nos zarandeó a todos, pero a algunos los arrojó más lejos de su estabilidad interna. Y otros estaban más profundamente enraizados.

PRESTA ATENCIÓN A TUS RECURSOS INTERNOS

La cuestión es que tienes que basar tu estabilidad en algo que sea firme. Por ejemplo, estás respirando. ¿No es esta la primera raíz de la estabilidad? La respiración es un elemento fiable. Si estás leyendo esto, lo más probable es que no hayas dejado de respirar hasta ahora.

Los recursos internos están ahí. Quizá no sepas que los tienes, pero eso no significa que no existan. Para usar una analogía, imagínate que compraste una propiedad con un gran terreno, en el que hay un huerto de naranjos y, más allá, aguacates. Sin embargo, jamás los ves, porque nunca te alejas más de nueve metros de la puerta de tu casa. Los árboles están ahí, es solo que no has explorado tu terreno y no los has visto.

Otra manera de verlo es imaginarte que los recursos internos son tu *hardware*, y tu pensamiento es el *software*. El *hardware* es lo que hace que la máquina funcione. El *software* puede cambiarse.

Antes hablé de cómo puedes identificar los verdaderos recursos internos usando tres medidas:

1. Son cualidades que los niños poseen.
2. Admiramos estas cualidades cuando las vemos en los demás.
3. Nos gustan cuando las vemos en nosotros mismos.

Por decirlo de una manera sencilla, si vemos esos atributos en los niños pequeños, podemos estar bastante seguros de que son naturales, porque ellos todavía no cargan con todo el condicionamiento de los adultos. Si admiramos estas cualidades cuando las vemos en los demás, podemos estar seguros de que para nosotros también es posible tenerlas, porque forman parte del *hardware* humano. Y si nos gustan al verlas en nosotros mismos, nos daremos cuenta de que lo que disfrutamos también nos hará más fuertes.

Ejercicio: tus recursos internos

Haz una lista con las cualidades y capacidades que pienses que pueden ser recursos internos. Usa las tres medidas apuntadas anteriormente para seleccionar esos recursos. Dedica unos minutos a confeccionar tu propia lista.

Claridad   *Humor*
Imaginación   *Intuición*

Creatividad	*Asombro*
Esperanza	*Inteligencia*
Apreciación	*Compasión*
Valentía	*Empatía*
Amor	*Compromiso*
Comprensión	*Bondad*
Decisión	*Espontaneidad*
Humildad	*Entusiasmo*
Aprendizaje	*Confianza*
Alegría	*Sinceridad*
Paz	*Admiración*

Vuelve a mirar las raíces que marcaste en tu árbol de la estabilidad y fíjate en si son en mayor medida internas o externas. Antes vimos que las raíces externas pueden convertirse en amenazas. Por el contrario, basar tu estabilidad en tus recursos internos, que pueden crecer sin límite, te hace mucho más fuerte.

Poseer una de esas cualidades es admirable, pero has de ser consciente de que realmente las tienes todas, que naciste con ellas y están listas para usar. Los recursos internos son tu *hardware* estabilizador: siempre está disponible, pase lo que pase. Si, por ejemplo, la *esperanza* es una de las raíces de tu árbol, te ayudará a permanecer fuerte cuando las cosas no vayan del todo bien. El *humor* puede tener un efecto curativo, la ciencia médica cada vez tiene más pruebas de ello. La *compasión* puede transformar el resentimiento en apertura. Y así con todas las demás cualidades.

Los recursos internos son como una colección de dones preciosos, guardados en una hermosa maleta. Para disfrutar plenamente el viaje de tu vida, tendrás que deshacer la maleta y utilizar lo que hay en su interior.

FICHA DEL PACIENTE

del doctor John Horton

COMPLACIÉNDOTE A TI MISMO

A Cheryl le diagnosticaron un cáncer, y durante un año tuvo que someterse a intervenciones quirúrgicas importantes y a varios ciclos de quimioterapia. Ella y su marido acudieron a mí para asistir a sesiones de *coaching* que les ayudaran a enfrentarse a todas las dificultades por las que estaban pasando. Cheryl les sacó un gran partido a estas sesiones.

Un día estábamos hablando precisamente de esto, de lo bien que se lo estaba tomando, y le pregunté:

—Dime, ¿cuál es tu secreto?

Reflexionó un instante y, con total inocencia, respondió:

—Me encanta complacerme a mí misma.

Era una magnífica idea de la que aún sigo acordándome. Su marido admitió riéndose que en realidad le daba un poco de envidia que su esposa fuera capaz de disfrutar en medio de una enfermedad tan grave.

Al final el cáncer de Cheryl se curó, o al menos llegó a estar tan cerca de la curación como los médicos podían determinar. Unos años más tarde su marido murió repentinamente. Ella afrontó bien esta nueva crisis, y una vez más admiré la estabilidad interna que había desarrollado con el tiempo. Casualmente Cheryl me llamó por un pequeño problema mientras estaba trabajando en el libro. Le pregunté si seguía encantándole complacerse a sí misma. Me contestó:

—Por supuesto.

Todavía sufría por la pérdida de su marido pero sentía que el próximo capítulo de su vida sería en Europa con su hijo. Su calma y su claridad mental eran sorprendentes. Le pregunté cuál creía que era el propósito de la vida. Me dijo:

—Disfrutarla —y añadió que la mayoría deja esto para más tarde.

Me alegró mucho saber que seguía adelante con su compromiso. La idea de estar «encantada de complacerse a sí misma», ¿era egoísta o sabia? La elección de Cheryl sin duda le había ayudado a salvar la vida y a disfrutar de su estancia en la Tierra. Su capacidad de estar complacida consigo misma y con su vida en medio de una grave enfermedad y de la pérdida de un ser querido es, indudablemente, la base de la sabiduría.

Ejercicio: reconoce tu estabilidad

Elige dos o tres de tus recursos internos y piensa en cómo puedes usarlos ahora mismo para enfrentarte a un determinado agente estresante.

Cuando tu estabilidad es profunda y fuerte, los desafíos de la vida no te perturban tanto. Puedes recapacitar, reflexionar, aceptar, acceder a tu sabiduría interna y desarrollar una estrategia para actuar. Esto lo vemos en supervivientes de terribles enfermedades o catástrofes espantosas. Lo vemos en algunos supervivientes del Holocausto. Sin embargo, la capacidad de tener estabilidad no es patrimonio exclusivo de estos seres extraordinarios. Está al alcance de todos.

8

Construýete un escudo

uedes proteger tu estabilidad construyéndote un escudo con las capacidades internas que tú elijas. El último que me construí estaba hecho con los tres recursos internos que pensé que me protegerían mejor: esperanza, conciencia y valentía, aunque en cualquier momento puedo cambiar los componentes de mi escudo en función de lo que crea que me puede ofrecer una mejor protección.

Además del escudo, decidí ponerme la suave y poderosa armadura de la comprensión y llevar una espada de claridad, afilada, brillante y ligera, que puede cortar la confusión, la duda o las ideas disparatadas. Suelo llevarlas siempre conmigo porque siempre son necesarias. En el ejercicio de su profesión, John y Edd comprueban a diario que esta protección puede llegar a ser muy eficaz para quienes padecen enfermedades potencialmente mortales o en fase terminal y que funcionan mucho mejor que otras defensas o medicamentos de tipo psicológico.

Recientemente participé en un extraordinario diálogo filmado con Pete Carroll, el principal entrenador de fútbol americano de USC. Estoy seguro de que Pete pasará a la historia como uno de los más grandes. Y definitivamente usa un escudo para protegerse en un entorno competitivo y sometido a un altísimo nivel de presión como es el del fútbol universitario.

Sabía que Pete había leído *El Juego Interior del tenis* durante sus primeros años de entrenador, y me interesaba saber si había aplicado lo que entendió al fútbol y de qué manera. Cuando me invitó al diálogo, dijo que había aplicado sus conocimientos del Juego Interior a su enfoque esencial del entrenamiento. Me confesó humildemente que una de las cosas que quería saber era si lo había entendido bien. Conforme hablábamos, descubrí que también había usado el Juego Interior en todos los aspectos de su vida personal.

La reunión, formada por un grupo de unos cincuenta invitados, tuvo lugar en el Heritage Hall, sanctasanctórum del fútbol de USC.

Una de las preguntas que le hice a Pete fue cómo lidiaba con el estrés en los momentos más álgidos del juego. Su respuesta fue espontánea y muy curiosa. Empezó asegurando que precisamente esos momentos eran los que más agradecía y valoraba, porque sacaban a relucir sus mejores recursos internos y los de su equipo. Dijo que durante un partido de fútbol solo se daban tres o cuatro momentos de esos y que estaba deseando que se produjeran. Hablaba con tanta inocencia y seguridad que resultaba completamente convincente.

Otra de las ideas que Pete compartió conmigo fue que había creado una gran estabilidad interna a base de desarrollar planes de emergencia con su equipo para cuando tuvieran que enfrentarse a un momento crítico.

—Solo es cuestión de prevenir —dijo.

Me contó que una vez que había ensayado con su equipo cada una de las eventualidades a las que quizá tendrían que enfrentarse, podía decir: «Ya hemos pasado por esto. Sabemos lo que hay que hacer».

Me impresionó la capacidad de Pete de aceptar cualquier situación y verla como una oportunidad. A muchos les resulta difícil aceptar los posibles imprevistos que se presenten, y todavía más prepararse de antemano para ellos. Prefieren negarse a aceptar la realidad, lo cual los vuelve más vulnerables al estrés cuando ocurre algo que no esperaban. Pero tener planes de emergencia factibles es una manera muy práctica de crear estabilidad.

Pete me dijo que para él era fundamental tener un escudo que le protegiera de las opiniones de los jugadores, los seguidores y los alumnos. Los escuchaba, pero sabía que tenía que formarse su propio criterio. Él era quien estaba al mando, y por lo tanto podía decidir libremente.

Quizá lo que más me llamó la atención de Pete Carroll fue lo alerta que estaba a cualquier pensamiento negativo o duda. Su lema era: «¡Gana siempre!». Pero para él no eran solo palabras. En sus conversaciones, pensamientos y acciones no dejaba un resquicio para que los miedos e incertidumbres del Yo 1 entraran en su mente. Construyó su escudo en el terreno de juego, y lo usaba en toda conversación sobre fútbol y entrenamiento que tenía con alguien. En las raras ocasiones en que su equipo sufría una derrota, lo sentía profundamente pero se reponía en seguida y volvía la estabilidad de su filosofía y su práctica. Había creado un escudo contra el estrés.

Normalmente tenemos defensas psicológicas inconscientes para protegernos, pero suelen desarrollarse durante la niñez, sin que reparemos en ellas, y con frecuencia se vuelven limitadoras y opresivas. Construir tu escudo es una oportunidad de crear una defensa consciente y eficaz con la que protegerte de los factores estresantes.

Ejercicio: construye tu escudo

Piensa en una situación estresante con la que te estés enfrentando ahora mismo. Acude a tu lista de recursos internos y elige cuatro o cinco con los que puedas construir un escudo cuando estés en medio de la

situación. Dibuja uno como el que tienes en la página
140 y llévalo contigo como recordatorio.

APRENDIENDO A CAMBIAR HÁBITOS
DESESTABILIZADORES

Construir un escudo es en gran medida una cuestión de
modificar los hábitos inconscientes. Todos tenemos maneras de
cambiar, y se puede decir que estamos continuamente haciéndolo, nos guste o no. Pero el cambio consciente es más efectivo.

Recuerdo que cuando era pequeño me chupaba el dedo. Y
cuando cumplí cinco años decidí dejar de hacerlo. Mi hermana
mayor me señaló:

—Dejar de chuparse el dedo es muy difícil. Has tenido ese
hábito durante mucho tiempo.

La miré y le dije:

—¿Por qué iba a ser difícil? Es *mi* mano. *Mi* dedo. Y lo
pongo en *mi* boca. Por eso puedo sacármelo de la boca si quiero.

Y dejé de chuparme el dedo.

Ojalá hubiera seguido teniendo las ideas tan claras y esa
misma valentía. Es muy posible, si lo piensas: ¿quieres cambiar? Pues cambia. Está en tus manos.

La mayoría de los hábitos tienen una razón de ser. Puede
que la razón por la que se formaron ya no tenga sentido para
ti, pero una vez lo tuvo. Por eso, antes de ponerse a cambiar
un hábito es buena idea averiguar de dónde vino, cuál era su
propósito y si todavía te sigue siendo útil. Este es mi enfoque:
una vez que he decidido que quiero llevar a cabo un cambio, lo
primero que hago es garantizarme movilidad. La movilidad es
la capacidad de avanzar hacia el resultado deseado. Cuando la
gente asegura que está atrapada en un mal hábito, suele quejarse: «Es que es muy difícil romperlo». Pero ¿es verdad? Quizá
sea difícil romper un hábito profundamente arraigado; sería

como salir de una zanja abriéndose camino con una pala. Sin embargo, hay una alternativa que funciona: olvidarse del viejo hábito y empezar uno nuevo. Es decir, centrarte en lo que quieres hacer en lugar de en lo que te parece mal. Esta perspectiva tiene el mismo efecto que un escudo. No es necesario reparar lo que está mal, solo hacer lo que te parece bien.

Aprendí esto por primera vez (en profundidad) cuando estaba entrenando a Joe, director general de una gran empresa, para jugar al tenis. Me explicó que quería cambiar un mal hábito de su revés.

—Creo que en el inicio alzo mucho la raqueta —dijo antes de que llegáramos a la pista—. Le doy con efecto a la pelota y se me va fuera.

Me picaba la curiosidad.

—¿Cómo sabes que alzas mucho la raqueta? —le pregunté.

—Pues porque eso es lo que me han dicho los doce últimos entrenadores que he tenido.

No podía creerlo. De manera que había estado con doce entrenadores, y yo era el número trece. ¡Desde luego no era un buen augurio para empezar!

Le pedí que hiciera un *swing* allí mismo. Lo hizo, y vi que los doce entrenadores tenían razón. Había descrito a la perfección su problema. Pero pensé: «Si los doce ya le han dicho lo que está mal y sigue haciéndolo, ¿cómo voy yo a conseguirlo?».

Estábamos en el exterior del club y me quedé mirando el comedor. Había un gran ventanal, del suelo al techo, que en la luz de la tarde producía reflejos, como un espejo. Le dije:

—Joe, ¿te importaría ponerte frente a la ventana y hacer un *swing*?

Me miró un poco desconcertado, pero hizo lo que le había pedido. Lanzó una pelota, mirando su reflejo. Luego volvió a lanzar otra. En el tercer *swing* dijo, sorprendido:

—¡Dios, es verdad! Alzo mucho la raqueta.

Ahora bien, ¿cómo puede alguien sorprenderse de descubrir algo que ya sabe? Fue él quien me lo dijo:

—Alzo mucho la raqueta.

Doce entrenadores le habían dicho lo mismo, pero cuando lo vio con sus propios ojos se sorprendió.

Joe sabía cuál era su problema; sin embargo, en realidad nunca había sido plenamente consciente de él. Para mí eso no es *saber*. Es *creer*. Creía lo que le habían dicho, pero no era real para él hasta que lo vio por sí mismo.

Ahora que ya había reconocido ese mal hábito, ¿cómo podía cambiarlo? Fuimos a la pista de tenis y empecé a mandarle pelotas.

—No intentes cambiarlo ahora —le indiqué—. Solo presta atención a cómo lo haces, no de una manera visual, sino sintiéndolo. Siente la altura.

Joe hizo un *swing* y dijo:

—Parecía a la altura de la cabeza.

—Bien —le dije.

—¿Quieres decir que así es como debe ser? —preguntó.

—No —le contesté—. Quiero decir que esa fue la altura. No intentes cambiarlo. Simplemente siéntelo, y dime hasta dónde levantas la raqueta.

Noté que estas instrucciones le parecían un poco extrañas. ¿Cómo iba a mejorar una cosa solamente con ser consciente de ella? Pero lo aceptó, y siguió lanzando pelotas y diciéndome la altura a la que alzaba la raqueta en el servicio. Cuando empezó, la alzaba a la altura de la cabeza, luego a la de los hombros, a continuación volvió a la de la cabeza, después estuvo un rato variando entre la altura del pecho y la de la cintura, luego por debajo de la cintura. Y muy pronto, todos los *swings* eran bajos y estaba dando reveses con efecto.

Le pregunté:

—¿Estás intentando mantener la raqueta baja?

—No —me contestó—, lo hace sola.

Obviamente las raquetas no se mueven solas. Pero ahora no estaba haciendo un esfuerzo consciente para bajarla. El único esfuerzo consciente que hacía era observar dónde estaba. Lo que la hizo bajar fue que la *sensación* era más agradable y que a esa altura golpeaba mejor. Se estaba creando un nuevo hábito, un hábito que no surgía de que Joe se esforzara en bajar la raqueta sino del simple hecho de ser consciente de su comportamiento. Al comprenderlo, empezó a reflexionar sobre lo fácil que era romper un hábito de esta manera.

—Esto podría producir un gran cambio en mi empresa —dijo—. ¡Pero lo mejor es que después de tantos años por fin puedo dar un revés con efecto!

La cuestión es que todos podemos aprender a erradicar hábitos mentales o físicos sin estrés. La clave radica en tomar conciencia. No me refiero a tomar conciencia de que tienes un hábito, sino de tu comportamiento. Todo consiste en observar y en saber lo que quieres. Si empiezas con la premisa: «Esto está mal, tengo que cambiarlo», inmediatamente pondrás en marcha el modelo de actuación de lucha-huida. Elimina el juicio y te quedarás sorprendido con lo que llegas a ver y con la facilidad con la que puede darse el cambio.

FICHA DEL PACIENTE
del doctor Edd Hazelik

ENFOCANDO LA SALUD COMO UN SAMURÁI

Debbie era una paciente con un alto nivel de estrés. No podía vivir en su casa porque se había producido una gran inundación en ella. Se declaró un incendio en el hotel en el que se alojaba y también tuvo que salir de allí a toda prisa. Estaba agotada y tenía dificultades económicas.

El estrés ya se estaba cobrando un alto precio en la salud de Debbie. Había perdido la voz, seguramente de gritar de desesperación. Ya no podía gritar más; de hecho, hablaba casi en susurros. Un especialista le dijo que probablemente padecería laringitis durante varios meses.

Al ver que para Debbie la vida cotidiana era una batalla, le pregunté:

—¿Crees que podrías ser como un guerrero samurái y mantener la estabilidad en medio de la batalla?

Me miró dudando.

—¿Tendría que guardarme todos mis sentimientos? —preguntó.

Le contesté:

—No, eso no serviría. Eso te destrozaría. Lo que necesitas es canalizar tus sentimientos por medio de acciones constructivas.

Luego le pregunté a Debbie si veía algún beneficio en el hecho de no poder hablar.

—Si fueras a un retiro zen, te costaría cientos de dólares y la primera regla sería «No hablar» —le dije—. ¡Ahora puedes hacer lo mismo gratis!

Se rió con este comentario y su actitud se volvió más alegre. Tenía el hábito de compadecerse de sí misma pero parecía dispuesta a mirar la situación de otra manera.

En lugar de compadecerla, le propuse un desafío.

—¿Hay alguna manera de que ninguna de esas circunstancias estresantes te afecte?

De nuevo, le pregunté si podría ser un samurái en el centro de la batalla. Esta imagen de sí misma le hizo reír. Dijo que le haría falta tener un escudo hecho con una gran cantidad de fuerza, valentía y claridad. Sentía que tenía que hacerlo, y se marchó sonriendo, diciéndome:

—Todavía tengo sentido del humor.

—Pónselo a tu escudo –le recomendé.

Debbie estaba experimentando un estrés intenso en el que todo en su vida parecía estar contra ella. El creador de estrés se encuentra a sus anchas en este tipo de situaciones, en las que imaginas las peores circunstancias posibles, como terminar viviendo en la calle, la miseria e incluso la muerte. Cuando Debbie empezó a construir un escudo para protegerse de sus numerosos factores estresantes, y aprovechó que podía contar con sus recursos internos, como el humor, la determinación y la confianza, descubrió que aún conservaba alguna estabilidad en medio de la batalla. Realmente era una samurái. En posteriores visitas, vio que su vida mejoraba gradualmente, y cada vez sentía menos estrés.

Ejercicio: crea un hábito nuevo

Piensa en un hábito con el que tengas dificultades. Puede ser cualquier actividad que perjudique a tu productividad, tu salud o tu paz mental. Es probable que se trate de algo que hayas intentado dejar de hacer en el pasado. ¿Qué nuevo hábito podrías crear para reemplazar al antiguo? Por ejemplo, si fumas, un nuevo hábito podría ser una actividad basada en una respiración fuerte y despejada, algo incompatible con fumar. En lugar de intentar erradicar el antiguo hábito, consolida el nuevo.

Por ejemplo, el doctor Horton me dijo cómo había dejado de fumar cuando estudiaba medicina. Leyó un estudio realizado por unos psicoanalistas que mostraba cómo algunos fuman para tomar distancia de las situaciones en las que se sienten abrumados. El doctor Horton se vio a sí mismo en esta descripción y decidió hacer un esfuerzo consciente para tomar distancia y pensar en lo que estaba sucediendo en lugar de encender un cigarrillo. Su hábito de fumar perdió toda su fuerza en cuanto entendió esto.

Es verdad que una vez que llegas a comprender en profundidad las razones por las que tienes un hábito que quieres cambiar, y el nuevo comportamiento te atrae verdaderamente, el proceso puede ser simple y corto. Para ser realistas hay que añadir que llegar hasta este punto puede llevar algún tiempo, además de conciencia y reflexión.

LA CAPACIDAD DE DECIR «¡NO!» Y DE MANTENERLO

Está claro que hay muchas cosas en nuestra vida diaria que pueden ser muy estresantes. Nos llegan por azar, y pueden venir de la gente que está más cerca de nosotros —la que nos hace feliz o infeliz, la que nos impone obligaciones que preferiríamos no aceptar.

Uno de los elementos de un escudo capaz de protegerte de estos factores estresantes es la capacidad de decir no. Cuando conduces un coche, además del acelerador tienes un freno. La capacidad de decir no es tu freno. Tenemos que reconocer humildemente nuestras limitaciones. Recientemente me fijé en un cartel que había tras la caja registradora de una tienda, que decía:

> *Querida Judith,*
> *no te sientas total, personal e irrevocablemente responsable por todo.*
> *Ese es mi trabajo.*
> *Besos,*
> *Dios*

Ser capaz de decir no es una muestra de que tu estabilidad y tu dicha te importan. Si automáticamente dices sí a todo lo que te llega, esto terminará perjudicando a tu capacidad de desenvolverte de forma adecuada.

El trabajo de tu acelerador es ser creativo ante las exigencias, lo cual puede implicar delegar, hacer planes de emergencia y respetar lo que verdaderamente te importa en la vida. Obviamente, la prioridad es lograr un equilibrio que mantenga tu vehículo estable y funcionando en buenas condiciones.

Imagina que eres el dueño de una propiedad, y que desde hace años la gente se ha acostumbrado a cruzar por el césped de tu jardín para llegar a la estación de tren porque para ellos es el camino más corto. Tras aceptarlo durante mucho tiempo, finalmente te dices: «Espera un poco. Este es mi terreno, y no quiero que la gente pase por aquí». Y construyes una valla alrededor de tu jardín, como si le pusieras un escudo. Al principio las personas que estaban acostumbradas a pasar por allí se enfadan contigo por haberles cortado el paso. Pero pronto encuentran otros caminos y tu terreno está protegido. Básicamente lo que has hecho es crear un escudo de protección. Puedes hacer esto mismo en tu vida cotidiana.

Ejercicio: simplemente di no

Durante una semana sé consciente de todo lo que te piden los demás. Ponlo por escrito y forma una lista con ello. Al final de la semana revisa la lista. ¿Cuántas veces dijiste sí a cosas que aumentaron tu estrés? ¿Hubo ocasiones en que podías haberte negado pero no lo hiciste? ¿Cómo han cambiado estas observaciones tu perspectiva al enfrentarte a una nueva semana?

9

Sé el director general de tu vida

La estabilidad interna se basa en el reconocimiento de un hecho indiscutible: tu vida es tuya. Tú eres su dueño. El dominio es la base de la estabilidad y la responsabilidad. Tú eres el que decide. Tú tienes la soberanía y con ella los derechos y las responsabilidades de la propiedad de algo increíble: un cuerpo humano único y una vida humana única. Hasta que reconozcas que el dominio de tu vida te pertenece, te será difícil, si no imposible, construir una estabilidad duradera.

Mi amiga Leslye tenía un tío de noventa y cuatro años que se fue a vivir con ella. Una mañana, durante el desayuno, le preguntó:

—Tío Jamie, ¿has disfrutado la vida? Ya tienes bastantes años y probablemente no te quedan muchos más. Tan solo me preguntaba si la has disfrutado.

El tío Jamie dejó de comer y pensó unos instantes. Luego, muy serio, dijo:

—No, no la he disfrutado.

Leslye se quedó desconcertada. No se lo esperaba. Quiso saber:

—¿Por qué no, tío Jamie?

Con aire pensativo, el anciano respondió:

—Tú ya sabes, lo di todo —dijo—. Se lo di todo a mi esposa, a mis hijos, a la iglesia, al trabajo... —y siguió enumerando cosas.

Las palabras de su tío tuvieron un gran impacto en Leslye. Ella quería ser dueña de su vida.

Entonces, ¿cómo sabes si llevas las riendas o no? ¿Hasta qué punto haces las cosas para agradar a los demás? Cuando tienes el control, sabes que estás conduciendo el vehículo. Sujetas firmemente el volante con las manos y vas a donde tú quieres. Tienes el pie en el acelerador, y cuando quieres parar, lo llevas al freno. Es sencillo y lo haces de una manera instintiva. Pero digamos que en los asientos traseros de tu coche hay otros conductores que están convencidos de que tienen derecho a decidir la dirección en la que debes ir y te gritan: «Más despacio... Gira aquí... a la derecha... a la izquierda». Hablan como si tuvieran algún control sobre el volante, aunque está claro que no es así. Tú decides si les cedes el control o no.

Una vez un conocido me preguntó si creía que debería pedirle una cita a cierta chica. Se sentía muy inseguro y yo tenía la sensación de que en esas condiciones mi respuesta le influiría mucho. Por eso le dije:

—Déjame preguntarte algo. Si estuvieras conduciendo un coche, ¿preferirías conducirlo desde el asiento delantero, con las manos en el volante, o desde el asiento trasero?

Y él respondió:

—Está claro. Iría en el asiento trasero.

Me quedé sorprendido.

—¿De verdad? —le pregunté—. ¿Preferirías estar en el asiento trasero sin nadie al volante?

Me aseguró que preferiría estar en el asiento de atrás. Cuando le pregunté por qué, dijo:

—Porque de cualquier manera, tanto si estoy al volante como si estoy en el asiento trasero, probablemente tendría un accidente, ¡pero si estoy en el asiento trasero no sería culpa mía!

Dándose cuenta de lo absurdo de lo que acababa de decir, sonrió, me dio las gracias y se marchó.

Es una historia un poco rara, pero hay mucha gente así. Evitan sentarse en el asiento del conductor de su propio coche. Prefieren decir: «Yo no elegí esto, no fue culpa mía». Pero cuando se trata de tu vida, esa es una decisión bastante grave. ¿A quién le gustaría tener un epitafio que dijera: «No fue culpa mía»?

La decisión de estar a cargo de tu vida y no ser una víctima es probablemente el factor más importante a la hora de construir estabilidad interna. Puedes repetir esta decisión cada vez que te haga falta reafirmar tu actitud.

¿ERES EL DIRECTOR GENERAL DE TU VIDA?

Imagina que has heredado una empresa de tamaño medio de un pariente rico y en seguida te haces cargo de ella. Eres el director general y el único dueño. Estás sentado en tu mesa de directivo, puedes hacer cualquier pregunta y tomar las decisiones que quieras. Tienes subdirectores y asesores a quienes puedes escuchar, pero no se trata de una democracia. Tú eres el único que decide las decisiones que se van a tomar. Esto es lo que significa ser el propietario.

Basándote en el hecho de que tienes la propiedad, empiezas a pensar como el director general de tu propia empresa. La diferencia consiste simplemente en entender que posees la autoridad para realizar cambios en cualquier aspecto de la compañía que no te guste. Una de las decisiones que puedes tomar es la de vender o no acciones, y en caso afirmativo, a quién. Cuando vendes acciones estás cediendo parte de tu propiedad. Esto quizá está bien en una empresa. Pero ahora digamos que esa empresa eres *tú*.

La primera tarea consiste en tomar una decisión clara acerca de cuál va a ser tu misión, tu producto, tus valores, tus estrategias y tus socios —tal y como lo harías si fueras el director general de una compañía—. Estos son los pilares fundamentales de la estabilidad.

La segunda es plantearte el asunto de las acciones de tu empresa. No tienes que vender participaciones en la propiedad a cualquiera. De hecho, la independencia disminuye en proporción a la venta de acciones a otros: ahora tienen voz y voto en tus decisiones. Muchos vendieron tantas participaciones que terminaron siendo accionistas minoritarios de sus propias vidas. Cuantas más acciones vendas, menos control tendrás y más probable será que sientas estrés.

«Una casa dividida contra sí misma no se sostiene», dijo Abraham Lincoln. Esto me parece muy acertado cuando pienso en la «casa» de mi propia vida.

Afortunadamente, puedes «recuperar» las acciones que has vendido, una vez que averigües quiénes son sus dueños y el precio al que se las vendiste —por ejemplo, a menudo vendemos acciones a otros a cambio de amor, aprobación, respeto o seguridad—, aunque al recuperarlas es posible que te arriesgues a perder aquello por lo que te desprendiste de ellas. Por supuesto, cuando dos o más individuos, actuando como entidades soberanas, establecen acuerdos conscientes como decir sí o no a una petición, a formar un equipo o una compañía o a casarse, esto no implica que se vendan acciones. Los acuerdos pueden llevarse a cabo en estos casos, reteniendo ambos toda su soberanía.

De manera que si has vendido acciones de tu vida, la pregunta es: ¿quieres recuperarlas, aunque sea a costa de arriesgar aquello por lo que las vendiste? Puede que ese sea el precio de la estabilidad.

FICHA DEL PACIENTE

del doctor Edd Hanzelik

¿A QUIÉN LE PERTENECE TU VIDA?

A Karen se le desarrolló un bulto en el pecho, que al hacerle una biopsia resultó ser canceroso. Cuando le dieron cita para el quirófano, tenía algunas ideas muy claras sobre la manera en que quería que se hiciera la operación. Ahora bien, esto en sí mismo es algo fuera de lo común. La mayoría de las veces cuando los pacientes se enfrentan a un diagnóstico potencialmente mortal, se sienten empequeñecidos e indefensos. Normalmente dicen: «De acuerdo, doctor, como usted diga».

Pero Karen estaba decidida a mantener su posición y negociar todo aquello que le parecía importante. Y tenía una manera sumamente atractiva de hacerlo que tendía a ganarse a la gente. Una de esas cosas era que después de la operación Karen quería que en la habitación del hospital le sirvieran un suplemento de vitaminas. En el mundo de la atención sanitaria esto era una completa herejía. Pero era lo que ella quería. De manera que le di una lista de algunas de las vitaminas que le irían bien, y se la llevó al cirujano. Y lo hizo de una forma tan divertida que el médico accedió a encargarse de ello.

Asistí a la operación de Karen, y ella me dio una lista con mis responsabilidades: asegurarme de que obtenía las vitaminas, examinar el colorante que se estaba utilizando, asegurarme de que en sus auriculares se oía la música que ella quería escuchar, etc. Y todo salió como lo había pedido, entre otras cosas lo de las vitaminas, porque Karen se había ganado al cirujano, y este dijo:

—Es un poco especial, pero es estupenda, y le prometí esas vitaminas.

Y con esa declaración, el anestesista y el farmacéutico terminaron de convencerse.

En cuanto a la quimioterapia, Karen también estaba decidida a hacer las cosas a su manera. Como quería sentirse fuerte, eligió ropas que le transmitían esa sensación: una capa roja y un llamativo sombrero. El oncólogo no sabía cómo tomárselo, pero podía darse cuenta de que su atuendo le estaba ayudando a aceptar y seguir el tratamiento.

Karen asumió el dominio de su cuerpo y de los cuidados médicos y se defendió. Al hacerlo transformó una situación muy difícil en algo que podía aceptar.

¿Cuántas veces has ido al médico y has visto que se ponen en marcha una serie de acciones antes de que tengas la oportunidad de pensar en ellas? A los facultativos los entrenan para luchar contra la enfermedad y a veces tienen una visión demasiado clínica de las cosas. Un médico pronuncia frases como: «Hoy he tenido un ataque de corazón muy interesante», o: «He tratado una infección pulmonar». Están luchando contra el enemigo (la enfermedad) y cuentan con todo un arsenal para ello: cuchillos, radiación, medicamentos...

Pero ¿dónde se queda el paciente como ser humano? Muchos pacientes que intentan que los escuchen o hacer preguntas reciben una respuesta que equivale a: «No me molestes. Déjame librar esta batalla y ya te avisaré cuando acabe».

La mayoría de la gente está convencida de que la actitud correcta es obediencia y pasividad. Oirás a muchas personas decir cosas como: «El médico dijo que tenía que operarme del corazón», como si eso terminara la discusión. Es como si un ser superior hubiera hablado, y el paciente no tuviera elección. Y sin embargo, cuando es tu vida lo que está en juego es cuando más que nunca necesitas elegir.

Según mi experiencia (y los estudios médicos han corroborado esta conclusión), cuando más activamente participan los pacientes en su propio cuidado, mejores son las decisiones del médico y mejores los resultados. La diabetes es un ejemplo perfecto. Cuando los pacientes aceptan que tienen esta enfermedad y eligen hacer algo al respecto, pueden conseguir un control excelente de su nivel de azúcar en la sangre y con frecuencia son capaces de reducir o dejar de tomar la medicación.

TU MANUAL DE PROPIETARIO

Asumir la propiedad de tu vida significa ser verdaderamente independiente: pensar por ti mismo, vivir sin ningún tipo de condiciones y ser capaz de tener relaciones enriquecedoras sin dejar de ser tú mismo. Hay muchas maneras de describir este estado de existencia, pero seguro que todas significan que eres capaz de tomar las decisiones más importantes de tu vida libremente.

Cuando careces de independencia, te ves a ti mismo haciendo cosas con un sentido de «tengo que» en lugar de «quiero» o «elijo». Tu experiencia dominante será la de indefensión, la de ser una víctima de las circunstancias o de las expectativas de otras personas. Ser una víctima no es una sensación agradable, y no sirve para nada.

Por suerte puedes elegir. Si optas por aceptar la responsabilidad de ser el dueño de tu vida, puedes recuperar importantes acciones, lograr tus metas y además disfrutar de todo el proceso. La gente se pregunta cómo puede recuperar acciones si está casada, o tienen familia o socios de negocios. ¿Realmente pueden ser independientes? Basándome en mi experiencia, te aseguro que es posible tener estas relaciones con integridad, sin ceder la propiedad de tu vida. Quieres que la relación funcione, por eso decides resolver las diferencias. Esto no es lo mismo que sentirse forzado a hacer algo que no te sientes bien haciendo porque has vendido acciones. Dos propietarios independientes pueden elegir casarse y disfrutar su vida juntos. Esto es muy diferente de un matrimonio en el que uno de los esposos necesita sentirse más aceptado por el otro. Inconscientemente, en un intento por lograrlo, va cediendo su participación en las decisiones. Al comprometer su independencia, debilita la relación.

La clave para llevar una relación sana es un estado de lo que podríamos llamar interdependencia: dos o más seres sanos e independientes se unen para lograr unos objetivos comunes sin sacrificar su integridad individual.

Todos conocemos la frustración y el miedo que vienen de dejar de ser quienes somos en las relaciones con la familia, los amigos, la pareja, los hijos o incluso las mascotas. Esto activará el sistema del estrés y, sin darte cuenta, te encontrarás viviendo con reacciones de ataque, huida o parálisis. Tomar conciencia de estas reacciones puede darte claves para saber dónde has comprometido tu independencia. Por ejemplo, fíjate en si te estresas en las conversaciones del trabajo o en las relaciones en casa o con determinados amigos. Estas son pistas sobre dónde puedes haber vendido tus acciones.

También puedes perder independencia cuando vives con ideas, conceptos, ideologías y prejuicios que no son coherentes con tus sentimientos y valores. Plantéate qué sucede cuando los seres humanos pierden el sentido de sus valores básicos y se dejan arrastrar por una violencia y una destrucción ciegas. Los líderes más sabios nos exhortan a apreciar nuestra independencia individual y los valores humanos que compartimos.

SENTADO EN EL SILLÓN DEL DIRECTOR GENERAL

Cuando estoy sentado en el sillón del director general, tengo un sentimiento de profunda humildad, una apreciación de lo mucho que he recibido como ser humano: mi propia vida, así como mis facultades humanas innatas, la capacidad de establecer un objetivo y avanzar hacia él, la capacidad de ser consciente, la capacidad de saber lo que de verdad quiero, lo que me resulta más valioso y cuáles son mis prioridades.

Puedo aprender de mis elecciones y de las elecciones de los demás. Tengo el poder de apreciar y sentirme agradecido, jovial y satisfecho. Todo esto forma parte de mis capacidades como director general. Y en cualquier momento puedo decidir realizar cambios utilizando mi sabiduría y mi claridad. Cada vez que pierdo el sentido de ser el director general (delegando mi responsabilidad en alguien o algo), puedo reclamar esa posición declarando lo evidente: estoy a cargo de mi vida.

Esto no significa que no pueda aceptar consejos o escuchar la orientación de otros. Todo lo contrario. Puedo escuchar y aprender, y usar lo que para mí tiene sentido. Pero al final soy yo quien decide. Esa es la responsabilidad del director general: descubrir las capacidades que ha recibido, y ser consciente de ellas y usarlas.

LA CAJA DE HERRAMIENTAS DEL JUEGO INTERIOR

En la próxima sección, te proporcionaremos herramientas del Juego Interior que te ofrecerán los pasos prácticos que puedes dar para desarrollar y mantener tu estabilidad, crear un escudo eficiente y aprovechar la sabiduría natural de tu cuerpo para convertirte en el director general de tu vida. Hemos usado todas estas herramientas durante muchos años en nuestros cursos sobre el estrés y hemos comprobado lo valiosas que pueden resultar. Son, además, muy fáciles de entender. Realiza cada ejercicio conforme lees los capítulos y luego practica las herramientas usándolas en tu vida diaria. Verás cómo puedes reducir en gran medida el estrés que sientes.

Tercera parte

LA CAJA DE HERRAMIENTAS DEL JUEGO INTERIOR

10

Herramienta nº 1 del Juego Interior: STOP

El estrés tiene un impulso propio, como una bola de billar después de ser golpeada por otra. Muchas personas, cuando están estresadas, se vuelven como bolas de billar. Las golpean y se mueven, no en la dirección en la que quieren moverse sino hacia dondequiera que el impacto las lleve. Cuando les preguntas por qué hicieron algo autodestructivo, te dicen: «Porque he tenido un día pésimo en el trabajo» o «Porque mantuve una discusión con mi esposa». ¡Ser una bola de billar es bastante estresante! La vida consiste en esperar a que la próxima bola te golpee y te lance a un agujero. Pero ¿y si fueras tan estable que cuando te golpeara no te movieses? ¿Y si solo te movieras cuando lo decidieras tú, no cuando una fuerza externa te golpeara?

Si juegas al golf, puede que hayas experimentado alguna vez este impulso negativo. Momentos antes habías dado un golpe malo y la bola fue a parar a la maleza. Y empezaste a pensar: «Vaya, ahora sí que lo he arreglado. Qué golpe más torpe. He echado a perder el juego. Hoy no estoy jugando bien, qué lástima». En ese momento daría igual que metieras los palos en su funda y te marcharas a casa. Es muy poco probable que recuperes tu juego exterior porque ya has perdido tu Juego Interior. Sin embargo, ¿qué ocurriría si en lugar de eso te tomaras un par de segundos para preguntarte por qué estás jugando hoy y cuál es tu meta? Está claro que quieres meter la bola en el hoyo. Pero ¿cuál es el verdadero objetivo? Sin duda disfrutar, pasarlo bien. ¿Te diviertes cuanto te estás castigando por fallar un golpe? Seguramente no.

Un corredor de maratón de unos sesenta y tantos años, fuerte e inteligente, vino al seminario sobre el estrés porque había sufrido unos ataques de ansiedad tan graves que tuvo que estar hospitalizado varios días. Nos dijo:

—Comprendí que estaba tan ocupado manteniéndome ocupado que no tenía tiempo de parar.

Su incapacidad de frenar el ritmo de su vida estaba minando su salud.

¿Cómo detienes el impulso negativo? Sencillamente deteniéndote.

LA SIMPLICIDAD DEL STOP

En los treinta y cinco años que me he dedicado a entrenar deportistas, profesionales de los negocios y personas de diversos ámbitos, he descubierto que la técnica más efectiva es la herramienta del STOP. Miles de dirigentes de empresas de todo el mundo han coincidido en que resulta indispensable para ser consciente en el trabajo. Se la puede considerar la madre de todas las herramientas porque sin detenerte realmente no puedes usar ninguna otra. En nuestros cursos sobre estrés es la primera que enseñamos. Todo el mundo la entiende y reconoce su sabiduría, porque la mayoría de la gente ha usado alguna

de sus variantes. Los padres hablan de concederles a sus hijos un «tiempo de espera». Otros recuerdan el consejo de «contar hasta diez» antes de actuar. La mayoría de los equipos deportivos usan las pausas no solo para descansar, sino también para pensar sobre los cambios de estrategia o de tácticas.

El STOP es una herramienta sorprendentemente sencilla, y significa exactamente lo que su nombre indica: detener el impulso inconsciente y pasar a ser consciente. Esta herramienta consta de cuatro partes:

Retrocede. Pon alguna distancia entre tú y la situación.
Piensa. ¿Cuál es la verdad acerca de lo que está sucediendo? ¿Qué es lo que te está haciendo sentir estrés en esta

situación? ¿Cuáles son tus prioridades? ¿Tus opciones? ¿Tus obstáculos?

ORGANIZA TU PENSAMIENTO. ¿Cuál es tu plan de acción?

ACTÚA. Sigue adelante, con entendimiento y claridad renovados.

Vamos a examinar cada paso con más atención.

Retrocede

Cuando retrocedes, detienes el impulso. Te sales de la actividad física, mental y emocional, del mismo modo en que un boxeador en el ring se repliega durante un segundo más allá del alcance del brazo de su contrincante. Cuando retrocedes eres capaz de percibir aquello que no podías ver en el centro de la batalla. Ahora tienes una perspectiva táctica diferente, y eso te da más opciones.

George, director general de una empresa de Fortune 500, vino a nuestro seminario sobre el estrés y al principio no le gustó la técnica del STOP. Dijo que aquello no era más que posponer las cosas y que él estaba demasiado ocupado para hacer eso. Le conté que el propósito de esta herramienta era mantener el equilibrio y la perspectiva, y le expliqué que un STOP podía consistir en retroceder solo durante unos pocos segundos, o incluso en elegir no actuar. George se comprometió a intentarlo y volvió la semana siguiente al curso sintiéndose muy satisfecho consigo mismo. Había usado la técnica del STOP y le había funcionado. Nos contó cómo su secretaria le llamó una mañana para decirle que uno de los gerentes estaba al teléfono. Inmediatamente empezó a sentirse estresado. Se detuvo unos segundos para averiguar por qué se sentía así y comprendió que ese gerente en particular solo le llamaba cuando tenía un problema, y que al final tendría que encargarse de resolverlo. Ordenó a su secretaria que le dijera que no iba a poder hablar con él. Ella le preguntó que cuándo estaría disponible y él respondió que no lo estaría en todo el día. La secretaria se sorprendió, pero dijo «de acuerdo». Cuando George colgó el teléfono, al principio se sintió un poco culpable pero luego tuvo una gran sensación de alivio. De hecho, bailó una pequeña danza de la victoria por su oficina porque había conseguido mantener libre la mañana para dedicarse a sus asuntos. Más tarde, esa misma semana, el gerente volvió a llamar y en esa ocasión George no sintió ansiedad ni estrés. Contestó la llamada y supo que el gerente había conseguido resolver el problema por sí mismo.

George usó este retroceso táctico para permitirse un poco de espacio. Un retroceso mayor, más estratégico, hubiera sido tomarse un tiempo libre del trabajo para reevaluar sus objetivos. Pero incluso la pausa más breve puede usarse para mantenerte en contacto con tu propósito, y de esta manera cambiar el curso inevitable de las reacciones del estrés.

Ejercicio: usa el puesto creativo

Practica lo siguiente durante un día: ante cualquier comunicación estresante, haz una pausa de uno a dos segundos antes de responder. Incluso la pausa más breve puede permitirle a tu cerebro pasar del modelo reactivo al modelo consciente. Al final de la jornada, reflexiona sobre las diferencias que has notado en tus conversaciones.

Piensa

Retroceder te da una oportunidad de pensar. En el espacio de pensamiento concentrado puedes preguntarte a ti mismo: «¿Qué es lo que me hace sentir miedo, frustración o dolor en esta situación? ¿Por qué estoy haciendo esto? ¿Qué estoy intentando conseguir? ¿Cuáles son mis obstáculos? ¿Cuáles son mis recursos internos y externos? ¿Cuáles son mis opciones?».

Una de las maravillas del cerebro humano es que nos permite crear un lugar a donde ir cuando queremos analizar las cosas. Yo le llamo un «espacio para pensar». Algunos usan una silla en la que pueden estar tranquilos y reflexionar. Otros van a Starbucks a tomar una taza de café. Conozco a alguna gente a la que le gusta imaginar que está en un helicóptero volando por encima de su situación y mirándola desde lejos. Una vez que te apartas del impulso inconsciente, puedes usar el pensamiento para traer la conciencia a la ecuación.

Jennifer, una mujer que asistió a uno de nuestros cursos, nos contó lo estresante que era tener todos los años una conversación sobre los impuestos con su ex marido. Inevitablemente empezaban a discutir y al final ella no sabía qué decir. Poco después de aprender la herramienta del STOP se vio una vez más en medio de la temida conversación telefónica. Sintiendo cómo su nivel de estrés iba subiendo, dijo: «Espera un minuto, no cuelgues». Dejó el teléfono a un lado y apuntó exactamente lo que quería decir. Cuando volvió a hablar, expresó sus intenciones de una manera fuerte y clara. Su ex marido se sorprendió mucho. Había intentado manipularla, como solía hacer, pero ella siguió teniendo claras sus ideas y terminó la conversación sintiéndose satisfecha. Para ella fue la primera vez que sucedía esto, y se sintió muy orgullosa de sí misma.

Ejercicio: ve a tu espacio de pensamiento

Encuentra un lugar físico que esté alejado de una situación estresante, un lugar que te invite a la reflexión. Puede ser un despacho, una sala de estar, un dormitorio, ¡el mismo cuarto de baño te puede servir! Reconsidera una situación estresante que hayas descrito en un ejercicio anterior. Aquí tienes algunas preguntas que pueden ayudarte a centrar tus reflexiones. Es importante tener en cuenta que pensar no consiste solo en el razonamiento o la lógica, sino que abarca otras formas de saber, como sentir, intuir o ver.

- ¿Qué es lo que verdaderamente está sucediendo aquí?
- ¿Qué es lo que siento acerca de esta situación?
- ¿Cuáles son mis prioridades?
- ¿Mis acciones o pensamientos son coherentes con mis prioridades?
- ¿Cuáles son los obstáculos para avanzar hacia el resultado que deseo?
- ¿Qué conjeturas estoy haciendo?
- ¿Qué otras opciones tengo?
- ¿Qué recursos internos y externos puedo utilizar?
- ¿Cómo puedo disfrutar en esta situación?

Hacerte aunque solo sea algunas de estas preguntas puede ser suficiente para pasar de la acción automática a la consciente.

Organiza tus pensamientos

Los pensamientos no suelen ocurrírsenos siguiendo un orden lógico. Para poder actuar de una manera eficaz primero es necesario organizarlos. Digamos que acudes a tu examen médico periódico y el médico localiza un quiste sospechoso. Quiere darte una cita ahora mismo para hacer una biopsia. El pánico se apodera de ti. Empiezas a sudar, te sientes indefenso, te da mucho miedo no hacer exactamente lo que te ha pedido que hagas. Sin embargo, en lugar de reaccionar con pánico, te detienes (STOP) y decides que tienes la opción de escuchar una segunda opinión. La segunda opinión puede confirmar o no la de tu médico. No se trata únicamente de eso. El STOP te permitirá pasar de sentir pánico a tener una sensación de control. Armado con dos opiniones puedes pensar, organizar tus opciones y tomar una decisión más inteligente.

Ejercicio: organiza

Tras haber dedicado un tiempo a responder preguntas en tu espacio de pensamiento, pregúntate a ti mismo cómo organizarías estos pensamientos para pasar a la acción consciente.

Actúa

Ahora estás preparado para actuar (o no actuar) basándote en tu decisión consciente. Aun en el caso de que más adelante te plantees que podías haber tomado una mejor decisión que la que tomaste, siempre podrás progresar y aprender algo sobre ti mismo, y ganar en sabiduría para la próxima vez.

Una vez que hayas encontrado claridad y estés fuera de la reacción del estrés, actúa. La reflexión sin acción es como caminar con una sola pierna. Sin acción no consigues nada y no puedes aprender realmente. Termina tu conversación, vuelve al trabajo y sigue con tu vida. El propósito del STOP es permitirte empezar de nuevo, con una mente más despejada y una mayor sensación de propósito y control. Al principio, algunos directivos a los que he entrenado se preocupan de que al recomendar el uso de la herramienta del STOP los trabajadores pensarán que se les da permiso para remolonear o de que perderán su competitividad. En realidad sucede lo contrario. Cuando la acción te viene impuesta en lugar de salir de ti, se cometen fallos. Los fallos ocupan mucho tiempo. Dedicar un rato a ser consciente ahorra mucho más tiempo del que hace perder. La productividad se incrementa cuando la gente es capaz de darse un descanso, hacer un plan y tomar el control.

Ejercicio: actúa

Pon sobre el papel una acción que estás preparado para llevar a cabo en el futuro cercano. Especifica cada uno de los pasos que darás para completar esta acción.

STOPS LARGOS Y STOPS CORTOS

Algunas situaciones requieren un STOP más largo: una hora, un día, una semana o incluso un mes, dependiendo de lo significativa que sea la decisión. Por ejemplo, si estás planteándote un importante cambio de carrera, alguien cercano a ti ha enfermado o fallecido, estás empezando una relación seria o matrimonio, te preguntas cuál es el propósito de tu vida o descubres que tu nivel de estrés es más alto de lo que puedes soportar, necesitarás un STOP más largo a fin de conseguir la claridad que te hace falta para elegir la mejor acción. Al leer este libro ya estás haciendo un STOP, que esperamos tendrá un efecto beneficioso duradero.

Ejercicio. Elige tus STOPS

A veces el STOP es como un escudo que te ayuda a escapar del impulso del estrés. En otras ocasiones lo usamos de una forma proactiva para desarrollar estabilidad y prevenir que se dé el estrés. Usar cualquiera de las herramientas recomendadas en este libro requiere que primero te detengas y reflexiones. Piensa en tres ocasiones a lo largo de la jornada en los que hacer un STOP te resultaría útil, y decídelas de antemano. Por ejemplo:

- Al principio y al final de cada día para reflexionar y planear.
- Cada vez que notas que estás atrapado en un impulso inconsciente y sientes que has perdido el control.
- Antes de asistir a una reunión, para pensar en el propósito, metas y obstáculos que puedan presentarse.
- Antes de recoger a tu hijo del colegio, para pensar en cómo puedes crear un momento significativo con él, antes de que ambos continuéis con vuestras vidas.
- Antes de encontrarte con un amigo para cenar, para pensar en el tipo de conversación que quieres tener.

Una vez que te acostumbres, verás cómo usas el STOP con frecuencia y empezarás a notar una diferencia en la manera en que te enfrentas a los problemas. Una advertencia: la mayor parte de las veces, cuando más necesitas hacer el STOP es cuando estás menos propenso a hacerlo. En medio de una situación estresante, con el creador de estrés a pleno funcionamiento, puedes sentirte tentado a dejarte llevar por las circunstancias. Pero en una situación así no solemos tomar decisiones inteligentes y tampoco vemos con claridad las elecciones que tenemos a nuestro alcance. Lo más inteligente en estos casos es retroceder y reflexionar antes de dar el siguiente paso. El resultado siempre será mejor si eres tú quien maneja el estrés.

11

Herramienta n° 2 del Juego Interior: ser el director general

Recordarás que antes hablé de lo que significaría ser el director general de tu vida: decir, en efecto, «yo soy el que manda aquí». Cuando hacemos este ejercicio en nuestros cursos, la reacción es verdaderamente impresionante. La gente se mete por completo en el papel. Algunos incluso llegan a montar una sala de juntas. Una de mis anécdotas favoritas es la de un ejecutivo de mediana edad, director de una gran empresa. Nos dijo que iba a reservar una hora para reunirse con sus «subdirectores», y lo hizo. En la siguiente sesión le contó sus descubrimientos al grupo.

—Una de las cosas que vi fue que estaba dejando que mi empresa se volviera demasiado democrática —señaló—. Yo escuchaba lo que se decía, y le daba a todo la misma importancia. Siempre decía: «Sí, eso suena bien, suena bien». Cuando lo comprendí, empecé a tener más control, y a decir: «No, lo vamos a hacer así». Pero era muy difícil, y al cabo de media hora comencé a quedarme adormilado. En ese momento fue cuando el «subdirector de críticas» irrumpió en la reunión, exclamando: «Se supone que deberías ser el director general pero no eres capaz de manejar esta situación. Estás cediendo, te estás derrumbando». Le contesté: «Déjame en paz. Estoy descansando». Dormí durante quince minutos y me desperté. Entonces finalicé el asunto y di por concluida la reunión. Fue muy interesante para mí. Vi que podía tomarme un descanso en medio de una junta.

Me encantó esta historia. Una de las cosas que he aprendido haciendo este ejercicio con grupos es que la gente sale sintiéndose bien. Disfrutan de tener el control. No les supone un quebradero de cabeza.

Ejercicio: usando la herramienta del director general

En este ejercicio voy a pedirte que te imagines a ti mismo como el director general de tu vida. Recuerda, tú eres el único que decide acerca de la misión, productos/servicios, política, valores y prioridades de tu empresa. El primer paso es convocar una reunión de la junta directiva y el personal, en la que *tú* decidirás el orden del día. No cedas tu sillón de director general al «subdirector de popularidad», al «subdirector de salud» o al «subdirector de éxito». Puedes escuchar la información que te ofrezcan, pero tú eres el que se sienta en el sillón de director general.

¿Cuál es tu declaración de objetivos?

¿Quién eres tú? ¿Cuál es tu misión primordial en la vida? Otra manera de preguntar esto es: ¿qué haría que tu empresa tuviera éxito?

¿Cuál es tu principal producto/servicio?

¿A qué se dedica tu empresa personal? ¿Cuál es tu vocación? Esto puede cambiar conforme pasan los años, pero lo importante es que tú eres quien decide. De manera que empieza a decidir cuál es la primera tarea de tu empresa en estos momentos.

¿Cuál es tu política y cuáles son tus valores?

Una vez más, *tú eres quien decide*. Como director general, estás en la posición de revisar los valores y políticas que has venido cultivando y hacer los cambios que quieras. ¿Es demasiado poder para asumir? No. Tus valores los adoptaste tú, consciente o inconscientemente, y siempre has sido responsable de ellos.

Puede suceder que tus subdirectores no aprueben tus decisiones. Alguno de ellos podría decir: «Estás actuando como si pudieras discernir entre el bien y el mal. ¿Ese no es el trabajo de Dios?». Ah, pero ¿qué Dios estás eligiendo, qué filosofía, qué conjunto de principios, qué partido político, qué creencias e ideales? Quizá te suene un poco laborioso, pero eso es lo que harías si fueras director general de una empresa. ¿No crees que tu vida es al menos tan importante como una empresa? Puede que algunos de estos valores los aceptaras siendo un niño y nunca los hayas revisado conscientemente.

¿Cuáles son tus prioridades?

¿Qué objetivos de tu empresa son más importantes para ti? ¿Dónde quieres enfocar tu esfuerzo? Es muy fácil obsesionarse con lo que crees que es la prioridad del momento y olvidarte de las necesidades humanas básicas, especialmente la de autorrealización. Sin embargo, si no atendemos a esta necesidad, satisfacer otras necesidades puede parecernos carente de sentido.

¿Cuáles son los recursos internos y externos de tu empresa?

Todas las empresas tienen recursos. Repasa la lista de recursos internos que desarrollaste anteriormente y que están a tu disposición. ¿Hasta qué punto los aprovechas? ¿Cuáles has ignorado? ¿Cómo podrías usarlos en tu provecho? ¿En qué recursos externos confías? ¿Estás sacando todo el beneficio que podrías de ellos?

¿A quién pertenecen las acciones de tu empresa?

Haz una lista de los accionistas de tu empresa: quién tiene una participación en la propiedad de tu vida, quién tiene voz y voto a la hora de tomar decisiones. Adjudica un valor a su propiedad. ¿La mayoría de las acciones le pertenecen a tu esposa, tus padres, tus jefes, tus hijos? Quizá los dueños de tu empresa no sean personas, sino actividades, conceptos o incluso adicciones.

¿A cambio de qué vendiste tus acciones?

¿Qué intercambios hiciste? ¿Vendiste acciones por aprobación, por dinero, por amor, por placer? ¿O se las entregaste al alcohol u otras sustancias a cambio de una sensación agradable? También esto es una cuestión de elección. Por ejemplo, puede que le hayas dicho a tu «subdirector de relaciones humanas»: «Necesito amor en mi vida», y él te haya respondido: «De acuerdo, para conseguir amor tienes que hacer todo lo que Tom te diga y ser exactamente como Tom quiere que seas. Y así conseguirás amor». Y puede que ahora le digas al subdirector: «Vamos a buscar otras opciones».

¿Cómo puedes recuperar tus acciones?

Elige un área en la que creas que has vendido demasiadas acciones y enumera los pasos que darás para volver a comprarlas. Por ejemplo, si crees que has cedido demasiado terreno en una amistad a cambio de aprobación, puede que tengas que renunciar a parte de esa aprobación que has ganado para recuperar tus acciones; deberás estar dispuesto a pagar un precio. Si vendiste acciones a alguien porque querías gustarle, puedes anunciarle: «Me llevo mis acciones, te guste o no». Esto no significa que forzosamente dejarás de gustarle a alguien, sino que estás abierto a esa posibilidad con objeto de recuperar esas acciones. No siempre es necesario anunciar a los accionistas que les estás comprando las acciones. Por lo general ni siquiera serán conscientes de que les pertenecen. Basta con una declaración a ti mismo para originar cambios en tu comportamiento.

Como en el caso de cualquier director general, es una buena idea que mantengas reuniones de vez en cuando. Una reunión no es más que sentarse en el sillón del director general y recordar que tú eres el jefe de tu vida.

% VENDIDO	¿A QUIÉN?	¿A CAMBIO DE QUÉ?	ACCIÓN RECUPERADA	HECHO REALIZADO

FICHA DEL PACIENTE
del doctor John Horton

RECOBRANDO SU VIDA

Mi paciente Melanie pasaba enferma al menos el veinte por ciento del tiempo. Cuando tenía un resfriado, en lugar de reponerse en una semana, le duraba tres. Cuando sufría una reacción alérgica, se prolongaba de dos a tres semanas. Cuando se lesionaba, tardaba en cicatrizar. Para Melanie era muy frustrante, porque llevaba una vida bastante sana. Comía bien y hacía ejercicio con asiduidad. Simplemente no podía entender por qué tenía tantos problemas de salud.

La invité a asistir a nuestro seminario sobre el estrés, pensando que le ayudaría. Unos meses más tarde, la vi en una cafetería local rodeada por un grupo de amigos. Me invitó a su mesa y me anunció:

—Doctor Horton, su seminario sobre el estrés me ha salvado la vida.

Me alegró pero al mismo tiempo me dejó algo perplejo el fervor de su declaración.

—¿Qué quieres decir? –pregunté.

Melanie respondió levantando mucho la voz:

—Gracias a usted, ¡voy a divorciarme!

Me reí nervioso.

—Por favor, no lo digas tan alto. Quiero que venga más gente al seminario sobre el estrés.

Pero Melanie siguió explicándome cómo el seminario le había abierto los ojos. Comprendió que estaba gastando toda su energía tratando de llevarse bien con un hombre que no la respetaba ni la escuchaba y cuya actitud era: «O lo haces como yo digo, o te vas».

Tras tomar la decisión de divorciarse, Melanie rara vez apareció por nuestra consulta. Conforme se hacía cargo de su vida, sus problemas médicos empezaron a solucionarse. Sin embargo, su marido no se sentía tan feliz con la situación. Me visitó y me dijo:

—Doctor Horton, por favor, hable con mi esposa y hágale entrar en razón. Se le ha metido en la cabeza la estupidez de que estará mejor por su cuenta que viviendo bajo mi techo y haciendo las cosas a mi manera.

Para Melanie no era una idea tan estúpida. Había recuperado el dominio de su vida.

El objetivo principal de la herramienta del director general es ayudarte a ser libre y a responsabilizarte de tu vida. Muchas veces no resulta fácil reconocer ante nosotros mismos dónde y cómo hemos socavado nuestra libertad y nuestra responsabilidad personal, pero los beneficios de hacerlo son enormes. Es difícil establecer una relación sana o formar parte de un equipo eficaz sin antes sentirte seguro de tu independencia como individuo. Lograr este paso tiene una importancia decisiva. La independencia es tu primera defensa contra los poderes del creador de estrés, y tiene gran importancia para tu salud física y tu estabilidad mental.

12

Herramienta n° 3 del Juego Interior: las tres preguntas de control

Recientemente impartimos un curso sobre el estrés, y tras el descanso faltaba uno de los participantes.

—¿Dónde está Joe? pregunté.

Una mujer del grupo salió a buscarlo y volvió diciendo:

—Joe dice que no puede soltar el teléfono.

Nos habíamos pasado la mañana entera hablando de cómo ser el director general de tu propia vida, y ahí estaba él, «enganchado» con el teléfono. Como el hecho de sentirse atrapado por algo es una de las condiciones más estresantes y él había acordado volver a tiempo de los descansos, le sugerí con delicadeza que encontrara una manera de deshacer la soga que lo tenía atado al teléfono.

¿Cuántas veces te sientes atrapado, en un trabajo, en una relación, en tu vida en general, por determinadas obligaciones, por una mala mano de cartas? ¿Y cuánto estrés viene causado por no averiguar dónde tienes control y dónde no?

En el transcurso de tu quehacer cotidiano hay cientos de situaciones que escapan a tu control pero que pueden causarte estrés:

- No controlas los atascos de tráfico, que te hacen llegar tarde al trabajo.
- No controlas el estado de ánimo de tu jefe, que puede alterar tu jornada laboral.
- No controlas la salud de la economía, que incide de manera determinante en tu bienestar.
- No controlas el tiempo, que puede echar por tierra tus planes para el fin de semana.

Muchas de las cosas que intentas controlar tienen que ver con la manera en que nos relacionamos con los demás. Por ejemplo, si tienes un hijo adolescente, te darás cuenta de que el tema del control es una fuente de problemas. Eso es natural: los adolescentes intentan crecer y afirmarse. Los adultos intentan asegurarse de que sus hijos llegan a casa sanos y salvos. Sus objetivos son diferentes. Con frecuencia, cuanto más control tratan de imponer los padres, más resistencia oponen los adolescentes. Bien, quizá estés pensando: «Las llaves del coche las controlo yo». Eso es verdad. Sin embargo, hay algunas cosas que no controlas:

- La actitud de tu hijo.
- La motivación de tu hijo.
- Las cosas que le gustan y disgustan a tu hijo.
- El respeto que tu hijo siente por tus opiniones.
- La receptividad de tu hijo a escuchar.

Resulta sorprendente darse cuenta de cuánta energía gastamos en intentar controlar lo que no podemos controlar. Nos preguntamos: «¿Por qué no puede mi mujer hacer las cosas como yo quiero, con lo fácil que es?», y nos damos de cabeza contra la pared, haciendo un mundo de eso. O somos el conductor que toca continuamente el claxon en medio del atasco de tráfico, aunque eso no hace que los demás vehículos se muevan.

LA HERRAMIENTA DE LAS PREGUNTAS DE CONTROL

Una herramienta sencilla para aliviarte del estrés de no tener el control de una situación determinada es hacerte tres preguntas en el siguiente orden:

1. ¿Qué es lo que *no* controlo de esta situación?
2. ¿Qué es lo que estoy *intentando* controlar?
3. ¿Qué *podría* controlar que ahora no estoy controlando?

Déjame explicártelo con un ejemplo. Un amigo mío es agente de bolsa y perdió una gran cantidad de dinero en el desplome del mercado de valores de 2008. No solo perdió dinero sino también mucha confianza en su capacidad de llevar a cabo operaciones con éxito. Me dijo que a veces se quedaba paralizado delante de la pantalla de su ordenador durante horas, que no dormía bien y que se imaginaba el peor desenlace posible. Su mente trabajaba a toda velocidad y estaba obsesionada con examinar los movimientos del mercado a cada momento. Se sentía obligado a intentar recuperar parte de lo que había perdido. Por decirlo de algún modo, su nivel de estrés era bastante elevado. Le pregunté si quería intentar usar las preguntas de control y dijo que sí. Estos son los resultados:

¿Qué es lo que no controlo de esta situación?

- No controlo los vaivenes del mercado.
- No controlo las ramificaciones globales económicas de esta recesión.
- No controlo el dinero que ya he perdido.
- No controlo lo que mis clientes piensan sobre mi capacidad.
- No controlo las voces internas que me dicen que soy un fracasado.
- No controlo cómo me siento en esta situación.

¿Qué es lo que estoy intentando controlar?

- Estoy intentando controlar mi pensamiento sobre cuándo debería comprar y vender.
- Estoy intentando controlar mis pensamientos sobre un futuro catastrófico.
- Estoy intentando controlar mi capacidad de tranquilizar a mis clientes.

¿Qué podría controlar que ahora no estoy controlando?

- Podría aceptar la situación tal y como es.
- Podría descansar del ordenador de vez en cuando.
- Podría tomarme un fin de semana de vacaciones y volver al mercado con fuerzas renovadas.
- Podría usar medicamentos que me ayudaran a dormir y reducir mi nivel de ansiedad.
- Podría tratar de mantener una separación entre mi ser, mi autoestima y el mercado.
- Podría dejar de escuchar a mi propio pensamiento negativo.
- Podría establecer objetivos realistas para operar en este volátil mercado.

- Podría dejar de lamentarme por lo que ocurrió.
- Al relajarme, podría usar mi creatividad para pensar en otras opciones.

Le alegró descubrir que tenía control sobre tantos elementos que podían mejorar su estado de ánimo, que se dio cuenta de que le atormentaban tanto como el declive del mercado. Actuar sobre lo que controlaba restauró esa sensación de confianza en sí mismo que le permitía sacar el mejor partido de una mala situación.

No es raro que tras responder las dos primeras preguntas nos sintamos empequeñecidos e indefensos (como mínimo humildes) al enfrentarnos a una situación difícil. Pero si las respondes bien, la última te ofrece una oportunidad para reflexionar que a menudo desvela posibilidades que quizá no hayas visto hasta entonces: lo suficiente para ponerte otra vez en el camino de vuelta a un sentido realista de control. Por lo general la gente descubre que aquello que no puede controlar se encuentra fuera de ella y aquello que no ha estado controlando pero podría controlar está en su interior. Y el resultado será siempre mejor cuando te enfrentas a una situación estresante poniendo tus propias condiciones.

Ejercicio: usando las preguntas de control

Elige una situación que te parezca muy estresante y examínala desde la perspectiva de las tres preguntas de control. Disfruta el proceso. Recuerda que no hay nada malo en echar mano del humor. Ser capaz de reír puede ser la puerta de salida hacia la comprensión y la humildad.

¿Qué es lo que no controlo de esta situación?

Haz una lista con todo lo que se te ocurra, incluyendo la actitud y las acciones de los demás.

¿Qué es lo que estoy intentando controlar?

Realiza una lista con todo lo que estás tratando de controlar en estos momentos, no importa que esos elementos estén también en la lista de lo que no controlas.

¿Qué podría controlar que ahora no estoy controlando?

Haz una lista de lo que podrías controlar que antes no has tenido en cuenta. Muchas veces estas cosas se nos ocurren de repente como una revelación. No te sorprendas si son variables internas que nunca has pensado en controlar.

Usa las preguntas de control para ganar claridad y opciones. Cuando centras tu atención en lo que puedes controlar, en lugar de en lo que no puedes, se abren nuevos caminos. Puede que te sorprenda descubrir que a partir de ahí empiezas a influir sobre factores que creías fuera de tu alcance.

En nuestros talleres sobre el estrés usamos una extraordinaria cita de Epícteto, que nació esclavo en el año 55 después de Cristo y llegó a convertirse en uno de los filósofos más reputados de Roma. Esta cita está sacada del primer capítulo de una versión reciente de su libro *El arte de vivir*, y es un maravilloso ejemplo no solo del tema del control de nuestras vidas, sino también de cómo la sabiduría más simple perdura a través de los tiempos. Epícteto podría haberse estado refiriendo al Juego Interior cuando escribió:

> *La felicidad y la libertad empiezan con la clara comprensión de un principio: algunas cosas se encuentran bajo nuestro control, y otras no. Solo cuando hayas asimilado esta ley fundamental y hayas*

aprendido a distinguir entre lo que puedes y no puedes controlar podrás lograr la tranquilidad interior y la eficacia exterior.

Bajo nuestro control se encuentran nuestras propias opiniones, aspiraciones, deseos y aquello que nos repele. De estas áreas es de lo que debemos preocuparnos porque están sujetas directamente a nuestra influencia. Siempre podemos elegir el contenido y el carácter de nuestra vida interior.

Fuera de nuestro control, sin embargo, se encuentran circunstancias tales como la clase de cuerpo que tenemos, si nacimos ricos o nos hemos hecho ricos, lo que los demás piensan sobre nosotros y nuestra posición en la sociedad. Debemos recordar que todo ello es externo y por tanto no nos concierne. Intentar controlar o cambiar lo que no podemos solo nos hace sufrir.

13

Herramienta n° 4 del Juego Interior: pruébate una nueva actitud

Todo el mundo tiene actitudes. No hay excepciones. Una actitud consiste en una serie de pensamientos y conceptos establecidos que influyen en nuestras percepciones, emociones, reacciones y comportamientos.

Tenemos actitudes sobre lo que hacemos: ¿somos lo bastante buenos haciéndolo? ¿Queremos hacerlo o nos supone un fastidio? Tenemos actitudes sobre lo que nos sucede y sobre cómo nos trata la vida. De hecho, cuando nos despertamos por la mañana ya tenemos «puesta» una actitud. Quizá sea que todo va a ir maravillosamente ese día. O quizá que todo va a ir terriblemente mal.

También tenemos actitudes sobre nosotros mismos, no solo sobre lo que hacemos o lo que nos sucede, sino sobre quiénes somos.

La actitud afecta a todo lo que realizamos y vivimos durante el día y mucha gente piensa que, para bien o para mal, su actitud es su actitud. Es parte de quienes son. Pero si te ves a ti mismo como el director general de tu propia vida, eres libre para plantearte de dónde salió tu actitud y de hacer cualquier cambio que elijas.

Digamos que estás abrumado por el estrés, e intentas desesperadamente controlar tus pensamientos y tus sentimientos. Piensa en la analogía de un avión atravesando una turbulencia. Los compartimentos que hay por encima de tu cabeza se abren, y el equipaje (los pensamientos y los sentimientos) se sale y termina cayendo y esparciéndose por todas partes. Intentas volver a meterlo todo en los compartimentos, pero tan pronto como lo haces, vuelven a salirse. No puedes controlar el caos porque la actitud del avión está fallando: va demasiado inclinado hacia arriba o hacia abajo. Para recuperar el control de la actitud del avión, tienes que ser consciente de su orientación tal y como está en esos momentos y acto seguido encontrar la palanca adecuada.

¿Qué sucede si descubres tu actitud y no te gusta? Basta con detectarla, basta con ser consciente de ella. Una vez que tomes conciencia, el cambio no es difícil.

En nuestros seminarios sobre estrés hacemos un ejercicio llamado «pruébate una nueva actitud». Las instrucciones son sencillas. Alguien habla sobre una situación estresante y trata de adivinar cuál es la actitud predominante. A continuación otro de los participantes sugiere actitudes alternativas que puedan ser adecuadas para esa situación. La primera persona escucha sin hacer críticas, «se prueba» cada actitud, nota cómo se siente al llevarla y luego selecciona la que le hace sentir mejor.

En una ocasión hicimos el ejercicio con Fred, editor de revistas. Fred era muy competente, pero en ese momento no estaba trabajando. Se había puesto en contacto con todos sus conocidos pero ninguno tenía trabajo para él. Empezó a tener miedo a quedarse sin dinero, e incluso se imaginaba la posibilidad de terminar viviendo en la calle. Anteriormente había pasado por esa misma situación muchas veces, y siempre había aparecido algo, pero se estaba haciendo mayor y su confianza en sí mismo se hallaba claramente afectada. Le pregunté por su actitud, y me contestó:

—Mi actitud es que algo peligroso y terrible me tiene en sus garras.

De manera que les pedí al resto de los participantes que sugirieran nuevas actitudes, y Fred, como si estuviera comprando un traje, se probaría cada una de ellas y vería cómo se sentía y cómo le quedaba. El objetivo no era encontrar la actitud adecuada sino simplemente una con la que se sintiera bien.

Uno de los participantes sugirió una actitud de confianza absoluta en que todo irá bien:

—El universo me protege.

Fred no podía identificarse con ella y respondió:

—¡Me he equivocado de tienda!

Pero luego otros participantes hicieron sugerencias con las que sí podía identificarse:

—Esta es una oportunidad para crear una nueva fuente de ingresos.

—Necesito pensar de una manera original para encontrar la solución.

—Podría recurrir al genio creativo que normalmente reservo para mi trabajo como editor de revistas para superar este desafío.

Con todas aquellas sugerencias, en poco tiempo Fred adoptó una actitud renovada que le hacía sentir bien:

—Esta es una oportunidad para crear una nueva fuente de ingresos. Pensaré de forma no convencional y usaré mi creatividad para encontrarla.

Se sentía mucho más esperanzado y le dio las gracias al grupo por su ayuda. La siguiente vez que le vi dijo, sin darle mucha importancia:

—Ah, por cierto, tengo un nuevo trabajo.

Sherry, una mujer que asistió al mismo curso, nos contó la lucha que tenía con su hijo.

—Uno de sus problemas es un desequilibrio hormonal, y esto hace que tenga el abdomen muy grueso –dijo–. Tiene una mala postura y esto aumenta sus problemas.

Sherry admitió que con frecuencia se enojaba. Creía que sabía lo que era mejor para su hijo, pero él no cooperaba. Hablamos sobre varias actitudes que podría probarse.

Podía sentir lástima por su hijo. No, esa no le gustó.

Podía intentar disciplinarlo. No, ya lo había intentado y no funcionó.

Podía ser humilde. No era el hijo que ella había pedido, pero era un ser humano especial. Esta le gustó.

Podía mirar a su hijo con otros ojos: no mirar a su exterior, sino a sus cualidades internas. Esta también le gustó.

Sherry reconoció que su atención había estado tan centrada en el cuerpo de su hijo que no había sido capaz de apreciarlo como persona.

SIEMPRE ES POSIBLE UNA NUEVA ACTITUD

Edd contó un episodio muy conmovedor e instructivo que tenía relación con su nieto de diez años, Austin. Un día Austin estuvo en una reunión de los Boy Scout y volvió a casa muy acongojado.

—No tengo amigos. Nunca tendré amigos –se lamentaba.

Edd intentó descubrir qué había ocurrido. El niño le dijo que su mejor amigo había hablado a sus espaldas y que todos se habían reído de él.

—Nadie me quiere —lloró.

Edd intentó ayudar a su nieto a ver la situación de otra forma, pero solo consiguió que se sintiera más irritado e infeliz.

Entonces Edd le preguntó:

—¿Conoces el poema «Si...» de Rudyard Kipling?

Austin no había oído hablar de él, por lo que su abuelo le sugirió que lo buscara en Internet. Por fin eso le hizo sonreír.

—De acuerdo, si me prometes que no se lo dirás a mamá —dijo. Se suponía que no podía usar Internet a esa hora del día, pero Edd pensó que la lección bien valía que se saltara las reglas.

Austin encontró el poema, y lo leyeron juntos, línea a línea:

Si logras mantener la calma cuando todos a tu alrededor
pierden los nervios y te hacen reproches;
si eres capaz de creer en ti mismo cuando todos dudan de ti,
pero también admites sus dudas;
si cuando te mienten, no mientes;
si cuando te odian, no te permites odiar...

Edd podía sentir cómo cambiaba por completo la energía de su nieto mientras leían el poema. Para cuando llegaron a las líneas finales: «*Tuya será la tierra y todo lo que hay en ella. Y lo que es más, hijo mío, ¡serás un Hombre!*», había vuelto a ser el de siempre.

Austin imprimió el poema y dijo:

—Quiero poder verlo cada vez que lo desee.

Pensó en ponerlo en el techo, sobre su cabeza, pero la letra era demasiado pequeña. En lugar de eso lo clavó con una chincheta en la pared junto a su cama, y disfrutó el resto del día.

La experiencia de Edd con su nieto demuestra lo sencillo y natural que es cambiar de una actitud de desesperación a una de aceptación y desafío.

El Juego Interior *del* Estrés

Ejercicio: la herramienta de «probarse una nueva actitud»

Elige una circunstancia o situación de tu vida que genere mucho estrés y tienda a zarandear tu estabilidad interior. Puede tener relación con otra persona, un trabajo o una actividad a la que temes enfrentarte. Puede tratarse de un estrés grave o leve. Defínelo.

Reflexiona sinceramente sobre tu actitud actual. Puede que tengas que indagar en lo más hondo de tu ser para hacerlo, pero cuando des con ella lo sabrás. Sentirás que encaja. Escribe unas líneas sobre esto.

Ahora utiliza tus recursos internos. Practica pensando y probándote diversas actitudes. Por ejemplo, si tu actitud habitual es el resentimiento, ¿qué sucedería si adoptaras una actitud de gratitud antes de entrar en esta situación? Sigue probándote nuevas actitudes hasta que encuentres una que te quede bien y te haga sentir mejor. Recuerda que las emociones de miedo, frustración y dolor ponen en marcha el sistema del estrés. Si vistes una actitud que te hace sentir bien, te protegerá de él y de sus limitadas reacciones de lucha, huida o parálisis.

FICHA DEL PACIENTE
del doctor Edd Hanzelik

UNA NUEVA ACTITUD

Paul padeció dos episodios de un dolor de pecho tan fuerte que en ambos casos tuvo que ser hospitalizado. Tenía miedo de sufrir algún trastorno grave, pero las pruebas no mostraron ningún problema. La conclusión es que el dolor no provenía de su corazón.

Le pregunté a Paul:

—¿Qué es lo que sabes sobre ese dolor?

Me contestó:

—Que no es físico.

—Bien, según tu descripción, puedo decirte que *es* físico —le dije—. Quizá no sea tu corazón, pero es un dolor real de tu cuerpo.

A muchos pacientes les resulta difícil aceptar la idea de que el estrés tiene un impacto físico, de que no se trata de «es todo mental».

Le pregunté sobre su nivel de estrés. Empezó diciendo que odiaba su trabajo. Era profesor de arte dramático, una persona con iniciativa, apasionada de su trabajo. Pero debido a los recortes financieros del sistema educativo, no estaba enseñando arte dramático. En lugar de ello, enseñaba informática y diseño en una sala sin equipo de diseño, y supervisaba la hora del almuerzo y dos periodos de estudio en la clase. Todo lo que hacía le parecía falto de interés y absolutamente aburrido.

—No tengo control —dijo—. No tengo control sobre el director, ni sobre las reglas, ni las finanzas. No controlo prácticamente nada de esto.

Le pregunté:

—¿Qué podrías controlar que no estás controlando ahora?

Lo primero que pensó, aunque quiso descartarlo, fue su actitud. Empleé algún tiempo hablándole sobre esto y practicamos el ejercicio de la actitud. Le sugerí distintas actitudes que podría probarse. La que le hacía sentir bien era: «Esto está sucediendo por una razón, y puedo beneficiarme de ello». Al principio no podía imaginarse sacando algún beneficio de su situación laboral, pero se abrió, se probó la nueva actitud y decidió que se sentía bien.

—¿Y qué me dices del dolor? ¿Puedes tener una nueva actitud hacia el dolor? –le pregunté. No veía cómo, pero luego pensó que podía estar recordándole algo. Le sugerí que quizá era un barómetro del estrés. Eso le gustó.

De manera que Paul se marchó con mucho sobre lo que meditar y algunas nuevas herramientas, entre ellas la de probarse nuevas actitudes. Le animé a que adoptara la nueva actitud antes del comienzo del nuevo año escolar, para el que faltaban tres semanas. Se sentía reconfortado al comprender que no estaba indefenso, que podía hacer algo con su estrés. Durante ese curso, Paul fue capaz de reducir significativamente el estrés que experimentaba. Cambió su actitud y se centró en lo que estaba bajo su control. Descubrió aspectos del trabajo que podía disfrutar y empezó a apreciar que cada vez estaba sometido a menos exigencias.

Este es un tipo común de estrés que sufrimos cuando nos encontramos estancados haciendo algo que no queremos hacer. Con frecuencia no vemos que el creador de estrés empeora la situación. A menudo un simple cambio de actitud puede proporcionar algún alivio. Para Paul una situación que había sido intolerable y que estaba causándole un intenso dolor en el pecho se transformó en algo soportable e incluso positivo. Aunque su problema no desapareció de la noche a la mañana, tenía confianza en que con el tiempo lo resolvería.

Cuando la gente encuentra una actitud con la que se siente cómoda, se sorprende de lo fácil que es adoptarla. A veces puede que salga su vieja actitud pero tan pronto como la notan pueden volver a su nueva visión de las cosas. Este es un elemento importante del escudo, ya que te ayuda a identificar la fuente del estrés y crea una protección contra él. Para mí la herramienta de la actitud es extremadamente poderosa. Me ayuda a recordar que tengo el control de mi actitud, que afecta tanto a mi mundo. Ser capaz de ver la propia actitud es el primer paso y el más importante. Una vez que somos conscientes de ella y de la necesidad de cambiar, el cambio en sí es relativamente fácil. A veces me basta con notar si la orientación de mi avión está hacia arriba, hacia abajo o nivelada. El ajuste requerido es casi automático.

14

Herramienta n° 5 del Juego Interior: la pluma mágica

Suelo usar la herramienta de la pluma mágica al principio de casi todos los días y en cualquier otro momento en que necesite ponerme en contacto con mi sabiduría. Es un ejercicio muy sencillo: solo hace falta un papel, un bolígrafo y un lugar tranquilo. Me gusta llamarlo «la escritura del Yo 2».

Ejercicio: usando la herramienta de la pluma mágica

1. Elige una circunstancia difícil. Puede tratarse de una persona o de un ambiente, de algo sencillo o significativo: cualquier cosa que necesite un poco de sabiduría en lugar de los habituales comentarios del Yo 1. Por ejemplo, tu hijo adolescente te trae las notas y ha suspendido en el examen de matemáticas.

2. Tómate un tiempo para poner por escrito la conversación que tendrías normalmente sobre esta situación, tu diálogo interno. Hazlo hasta agotar todos los conceptos e ideas del Yo 1 acerca del tema. Podría ser algo así como: *Ya sabía yo que este niño no estaba haciendo los deberes cuando me decía que los estaba haciendo. Tengo que enseñarle más disciplina o de lo contrario no va a llegar nunca a nada. No hace más que lo que le da la gana. Tengo que enseñarle quién manda aquí. Si le dejo pasar esta sin decirle nada, estaré sentando un precedente...*

3. Cuando los pensamientos del Yo 1 se agoten, detente e imagina que puedes dotar a tu bolígrafo de las capacidades internas que tú elijas. *Tus* capacidades internas. Yo suelo elegir la claridad, la compasión y la sinceridad, pero puedes tomar cualquiera de las cualidades de tu lista de recursos internos. Imagina que el bolígrafo es una pluma que puedes mojar en cada uno de los recursos que has elegido. Vacía tu mente y deja que la pluma te escriba un mensaje. No pienses en ello. Tan solo deja que suceda. Si te encuentras con que no hay nada que escribir, sigue anotando lo que se te ocurra. Deja que los recursos internos que ha absorbido la pluma se encarguen de escribir por ti. No censures lo que escribe la pluma mágica. Por ejemplo, si le otorgas a tu pluma mágica serenidad, paciencia y empatía, podrías escribir algo así como: *Sé que ser un adolescente no es fácil. Hay muchas distracciones, muchas cosas que parecen más divertidas que estudiar. No es malo porque mire la televisión en lugar de estudiar. Puedo ayudarle a crear un entorno en el*

que sea más fácil para él concentrarse cuando tiene que
hacerlo y divertirse cuando es el momento de divertirse.
No tiene por qué haber luchas de poder...

La herramienta de la pluma mágica es una manera muy práctica de aprender a aprovechar tus recursos internos. Puede ayudarte a distinguir por ti mismo la diferencia entre el tono y el contenido de las voces de tu Yo 1 y las de tu Yo 2. Cuando comparas los dos escritos podrás descubrir que te gustan algunas de las ideas que escribe el Yo 1, y que no te gustan algunas de las que escribe el Yo 2. No hay ningún problema. Has escrito ambas cosas sin censura. Solo tienes que trazar un círculo alrededor de las partes de cada una de ellas que tienen sentido para ti y te hacen sentir bien. Obviamente se trata, más que de magia, de un arte que se va aprendiendo con la experiencia.

Una vez le pedí a un numeroso público internacional formado por asesores fiscales que hicieran el ejercicio de la pluma mágica e invité a algunos a que compartieran los escritos de su Yo 2. El primer participante que se levantó, un hombre de Europa del este, empezó disculpándose porque no había podido escribir prosa. A continuación leyó unas palabras que tenían toda la belleza y cadencia de la poesía más trabajada y que emocionaron tanto al público que muchos de los asistentes no pudieron evitar las lágrimas. ¡El Yo 2 puede darnos muchas sorpresas cuando no lo censuramos!

FICHA DEL PACIENTE
del doctor John Horton

UNA PERSPECTIVA CURATIVA

Hace algún tiempo vi a Joan, una mujer de unos treinta y pocos años que tenía un quiste en el cuello. Resultó ser la enfermedad de Hodgkin, que se puede tratar y curar. Le extirparon el quiste, le aplicaron un ciclo largo de quimioterapia y empezó a verme con asiduidad. No me planteé mi papel como el de un médico tratando la enfermedad de su paciente. Más bien me veía a mí mismo realizando una función de *coach*.

Cuando le diagnosticaron esa dolencia, Joan se hallaba en un estado de agotamiento total. Siempre que alguien le pedía algo en el trabajo su respuesta era sí. Pero ahora empezó a ver que ese era un momento para cuidarse a sí misma, no para entregarse a los demás, y al comprenderlo comenzó a producirse un gran cambio. Cuando le pedí que escribiera con su Yo 2 usando la pluma mágica, estas fueron sus palabras: «No debes tener miedo de esto. Es lo que es. Es natural sentir miedo e incluso ira porque esta enfermedad te esté impidiendo hacer lo que haces normalmente. Pero esas emociones no son *tú*. Son solo emociones que te muestran lo mucho que te importa tu vida. Ahora tienes algo de tiempo para ti misma, para cuidarte de una manera que nunca te has permitido hasta ahora. Incluso puedes dedicarte a divertirte y dejar que tu marido y tu familia te ayuden. Se sentirán bien haciéndolo. Esta enfermedad pasará, y puedes sacar un gran beneficio de este paréntesis».

No tengo la menor duda de que la actitud curativa de Joan contribuyó directamente a que sanara tan rápido. Hay una gran cantidad de estudios médicos que demuestran que la actitud resulta fundamental a la hora de enfrentarse adecuadamente a una enfermedad grave.

15

Herramienta n° 6 del Juego Interior: la transposición

Con cualquier tipo de factor estresante relacionado con los demás (y la verdad es que hay muy pocos que no tengan que ver con esto), es eficaz mirar la situación con los ojos de otra persona. Todo el mundo percibe la realidad a través de su propio filtro, que está compuesto por pensamientos, sentimientos e intenciones. Pero como seres humanos, comprendemos que los demás tienen puntos de vista diferentes de los nuestros, y podemos intentar entenderlos. La capacidad de ver una situación con los ojos de otra persona (empatía) es una de las cualidades más poderosas del ser humano. Además de hacerte sentir muy bien, la empatía te permite también una mayor gama de opciones sobre cómo comunicarte con otra gente.

LA HERRAMIENTA DE LA TRANSPOSICIÓN

Usar la herramienta de la transposición implica responder a tres preguntas desde la perspectiva de la otra persona.

Estas preguntas se refieren a las tres perspectivas fundamentales del ser humano: el pensamiento, el sentimiento y la intención. Usando la primera persona, ponte en el lugar del otro y pregunta:

- ¿Qué pienso?
- ¿Qué siento?
- ¿Qué quiero?

Hacer estas preguntas te permite ver una situación con los ojos de otro y sentir empatía. También te ofrece más posibilidades de comunicarte con ese individuo de diferentes formas. Aunque no estés de acuerdo con él, siempre te hará sentir mejor el hecho de saber cómo ve las cosas y por qué. Es parecido al dicho de los nativos norteamericanos: «Nunca juzgues a un hombre hasta que hayas caminado una legua con sus mocasines».

Recuerdo una conversación con Derek, el director de ventas de una compañía de *software*. Se sentía muy frustrado por la forma de manejar al personal de su jefe, que era muy agresivo y crítico. Le pregunté a Derek por qué pensaba que su superior se comportaba de esa manera. Se encogió de hombros.

—Porque es un mal jefe —contestó.

Esta creencia, acertada o no, no le ayudaba a trabajar mejor ni le daba ninguna idea sobre cómo resolver su propio estrés. De manera que le pedí que se pusiera en el lugar de su jefe por un momento.

—Tú eres el jefe, estás sentado en tu escritorio y le pides a tu director de ventas, Derek, que venga para tener una reunión. ¿Qué estás pensando?

Derek reflexionó durante un minuto y luego dijo:

—Estoy pensando que las ventas han bajado un veinte por ciento con respecto al año pasado, y que tenemos que tratar de subirlas.

—De acuerdo —continué—. ¿Qué sientes?

—¡Siento tensión y estoy preocupado por poder seguir manteniendo mi trabajo!

—Bien, ¿qué quieres conseguir con esta reunión con Derek?

—Me imagino que quiero que me ayude a salir de este lío —contestó pensativo—. No puedo hacerlo yo solo.

Realizar este ejercicio tuvo un profundo efecto en Derek. Empezó a ver su papel de una manera distinta: no solo como objeto de la ira de su jefe y víctima de su situación, sino como alguien que este necesitaba para tener éxito y sacar adelante la empresa.

La transposición es una herramienta especialmente útil dentro de las relaciones familiares. En este tipo de relaciones es donde más amor se intercambia, pero también son las que producen más antagonismo y estrés. Para utilizar de forma eficaz esta herramienta, es imprescindible que no haya ningún afán de manipulación, tan solo el deseo sincero de entender al otro.

Hace mucho tiempo mi hermana tuvo un enfrentamiento con su hija de dieciséis años acerca de la hora de volver a casa en el verano. Mi sobrina estaba saliendo con un chico y quería poder regresar a las once de la noche. Su madre prefería que volviera a casa antes de las diez. Mi hermana me pidió consejo para resolver ese conflicto que ya duraba un tiempo.

—Lo que pasa es que tengo la sensación de que si cedo en esto, no estoy cumpliendo con mi deber como madre —me dijo—. Y sé lo fácil que es dejarse llevar en una noche de verano. Lo que menos me gusta de todo es este conflicto continuo con mi hija.

Le pedí que hiciera la transposición con su hija. El resultado fue algo así:

- Pienso que mi madre no confía en que pueda controlar la situación con mi novio. Creo que debería seguir presionándola hasta que se fíe de mí.
- Me siento herida y rebelde. Siento que puedo confiar en mí.
- Quiero probarme a mí misma y a mi madre que seré capaz de quedarme hasta las once sin causar ningún problema.

Cuando hablé con mi sobrina, descubrí que la transposición de mi hermana había sido bastante acertada. Le pedí a ella que hiciera la transposición con su madre. Esto es lo que dijo:

- Pienso que mi deber como madre es establecer una hora prudente de llegada.
- Pienso que no me dejaron estar hasta tan tarde cuando tenía su edad.
- Pienso que a esa edad no siempre podía evitar los problemas.
- Siento que quiero a mi hija y que me preocupa lo que le pueda ocurir.
- Siento miedo de que pueda volverse demasiado segura de sí y se meta en líos.
- Quiero ser una buena madre y proteger a mi hija.

Y entonces, ¿cuáles fueron los resultados? Al final, ambas mantuvieron su postura. No se cambió la hora de llegada, y mi sobrina siguió pidiéndolo alguna que otra vez. Pero se produjo una gran diferencia en la manera en que se hablaban. Ya no era una lucha, sino una conversación entre dos mujeres fuertes en la que cada una respetaba realmente el punto de vista de la otra. Se acabó la lucha.

La transposición en ti mismo

También es posible hacer la transposición contigo mismo, para obtener una idea más clara de lo que de verdad piensas, sientes o quieres en una determinada situación. Para hacer esto, te sales de ti como si estuvieras mirando hacia abajo desde arriba, para obtener la perspectiva más amplia que sea posible, y preguntas en tercera persona:

- ¿Qué piensa?
- ¿Qué siente?
- ¿Qué quiere?

Muy pocas veces nos vemos a nosotros mismos con la suficiente distancia para ser realmente objetivos. Esta herramienta puede ayudarnos a conseguirlo.

Ejercicio: transposición y transformación

Piensa en tres personas con las que podrías hacer la transposición con asiduidad para ayudarte con tu relación. Ahora elige una de ellas que te provoque estrés y haz la transposición.

Ponte en su piel y hazle las tres preguntas: ¿qué pienso?, ¿qué siento?, ¿qué quiero?

¿Tuviste alguna nueva idea acerca de esta persona o sobre cómo podrías comunicarte eficazmente con ella? Si la respuesta es no, inténtalo otra vez y vuelve a examinar el resultado. Recuerda que la gente siempre puede cambiar en función del momento y de la manera en que ve unas determinadas circunstancias.

Aunque la transposición es un ejercicio muy sencillo, hace falta humildad y valor para realizarlo bien. Una de las causas del estrés es dar por sentado que conoces al otro, aunque nunca le hayas prestado verdadera atención. Cuanto más lo practiques, mejor te saldrá.

16

Herramienta n° 7 del Juego Interior: la redefinición

L a herramienta de la redefinición es indispensable en nuestra búsqueda de la construcción de la estabilidad —disponer un terreno firme sobre el que erigirnos para que cuando el viento sople no nos derribe—. Se basa en el hecho de que todos llevamos puestas unas lentes o definiciones a través de las cuales nos vemos a nosotros mismos, a los demás y a las actividades y acontecimientos de nuestras vidas. Estas definiciones no solo colorean la manera en que vemos lo que nos rodea, sino que limitan nuestra gama de posibles reacciones ante ello. Las lentes pueden ser conscientes, pero lo más frecuente es que sean inconscientes. Los estereotipos son un ejemplo evidente de definiciones preconcebidas transmitidas de generación en generación hasta que automáticamente se convierten en la visión que tenemos del mundo. El propósito de la herramienta de la redefinición es tomar conciencia de cuáles son nuestras definiciones fundamentales para poder desprendernos de las que no se ajusten a nuestros compromisos actuales y permitirnos elegir las que sí lo hagan.

Aquí tenemos un curioso ejemplo de definición inconsciente que nos muestra claramente el proceso. Todas las Navidades un hombre le preguntaba a su esposa por qué cocinaba el pavo con las patas cortadas.

—¿Por qué —preguntaba— no puedes servirlo entero, como hace todo el mundo?

Su esposa, poniéndose a la defensiva, le contestaba siempre:

—Así es como me enseñó mi madre que debía hacerlo.

El marido no se quedaba satisfecho con la respuesta. Un año decidió profundizar en la cuestión.

—Vamos a preguntarle a tu madre – sugirió.

Llamaron a la madre, que confirmó lo que la hija decía:

—Sí, es verdad, siempre le cortamos las patas al pavo para cocinarlo.

Al preguntarle por qué, contestó que esa era la manera en que le enseñó su madre, y que su madre era una cocinera estupenda. El hombre, deseando llegar de una vez por todas al fondo del asunto, llamó a la abuela de su mujer, que tenía ochenta y tres años y le dijo:

—Sí, claro, cuando yo era joven siempre le cortábamos las patas al pavo antes de ponerlo en el horno, ¡pero es porque en aquellos tiempos los hornos no eran lo bastante grandes!

Te sorprendería ver cuántos procesos, actitudes y reglas de tu propia vida se basan en circunstancias que ya no existen aunque la definición se mantuvo.

LA HERRAMIENTA DE LA REDEFINICIÓN

Cuando uses la herramienta de la redefinición para construir estabilidad, sigue estos pasos:

1. Averigua la definición o concepto actual (hay que cortar las patas del pavo antes de meterlo en el horno).

2. Averigua dónde se originó la definición (en este caso, la abuela).

Ahora vamos a desarrollarlo un poco más:

3. Pregúntate a ti mismo: «¿Esta definición se ajusta a mis circunstancias y compromisos actuales (dispongo de un horno más grande y quiero que el pavo tenga el mejor aspecto posible)?».

4. Si no es así, redefine para ajustar tu definición a tus circunstancias y compromisos actuales (está bien cocinar el pavo entero).

5. Aplica la nueva definición a la manera en que ves la realidad.

La herramienta de la redefinición te ayuda a reclamar tu dominio y tu responsabilidad sobre la manera en que ves y calificas las cosas. Te enseña que tus definiciones tienen un gran impacto y que puedes elegir qué lentes usarás ante una situación determinada. De nuevo, cuando tenemos una reacción de estrés, queremos cambiar lo exterior, o escapar de ello, o nos sentimos tan deprimidos que no sabemos qué hacer. La herramienta de la redefinición te ayuda a enfocar tu atención en lo que puedes controlar.

Una participante de uno de nuestros seminarios estaba redefiniendo el egoísmo y afirmó:

—Según mi antigua definición, ¡respirar es egoísta!

Todos nos reímos, pero había una gran verdad en lo que dijo. Si respirar puede llegar a considerarse «egoísta», eso significa que quizá no siempre sea malo ser «egoísta». O, dicho de otra manera, hacer lo que es necesario para nuestra salud y bienestar no es realmente egoísta mientras no perjudiquemos las oportunidades de otra persona para hacer lo mismo. Plantéate cuál sería tu redefinición de «egoísta».

Ejercicio: redefine un concepto estresante

El propósito de este ejercicio es tomar una palabra que nos atemorice, nos frustre o nos resulte dolorosa y redefinirla, usando nuestros recursos internos, hasta que deje de ser estresante.

Unos cuantos ejemplos breves del seminario sobre estrés:

Palabra: egoísta.
Definición común: pensar solo en ti mismo.
Redefinición: cuidar de tus necesidades básicas para que puedas dar más.

Palabra: culpable.
Definición común: cometer un «pecado» que arrastrarás siempre contigo.
Redefinición: cometer un error del que puedes aprender y que puedes rectificar.

Palabra: miedo.
Definición común: una emoción negativa que indica debilidad e inseguridad.
Redefinición: un barómetro interno de seguridad, un indicador del desafío con el que nos enfrentamos.

Primero piensa en unas cuantas personas o actividades que puedan estar provocándote estrés. Elige una palabra clave relacionada con tu estrés que puedas redefinir. Podría ser «jefe,» «dinero,» «pareja,» «médico,» o cualquiera que decidas. Luego sigue los cinco pasos.

1. Averigua la definición que usas actualmente.
2. ¿De dónde salió?
3. ¿Se ajusta a los compromisos y prioridades actuales de tu vida?
4. Si no es así, redefínela.
5. Aplica la redefinición para cambiar tu percepción de la relación o situación estresante.

FICHA DEL PACIENTE

del doctor Edd Hanzelik

REDEFINIENDO LA GRANDEZA

Este es un ejemplo de cómo a una paciente le ayudó redefinir lo que significaba ser una gran madre. En su primera visita, Sarah estaba afligida y llorosa. Había escrito una larga lista con todos sus síntomas y no entendía por qué se sentía tan mal. Mientras establecía un largo historial para entender los elementos que le afectaban, descubrí que había tenido seis hijos y lo que más le importaba en el mundo era ser una buena madre. Si se sentaba aunque solo fuera un segundo, se sentía culpable de no estar haciendo lo suficiente. Sarah pareció bastante sorprendida cuando, en nuestra conversación inicial, le dije que creía que todos los síntomas de esa larga lista se debían al estrés y al agotamiento, y que mi prescripción era que se cuidara mucho más.

En efecto, le estaba pidiendo a Sarah que redefiniera su idea de lo que significa ser una buena madre. Su definición en aquellos momentos era «estar totalmente centrada en las necesidades de mi familia». Tras una sesión de *coaching*, comprendió que lo mejor que una mujer podía darles a sus hijos era una madre verdaderamente sana y feliz. Su redefinición fue simple: «Como madre, soy una parte importante de la familia, y necesito cuidarme». Podía ver que así se sentía más ligera emocionalmente, era más fácil tratar con ella, era mucho más abierta, más amable, divertida y comprensiva. Su amor surgía con naturalidad porque se sentía bien. Eso es lo que toda la familia necesitaba.

Sarah comprendió que la única manera en que podía ser feliz y estar sana era reconocer y atender sus propias necesidades. Tenía que ponerse a sí misma mucho más alta en su lista de prioridades. Su marido la ayudó mucho, dándole apoyo y aliento. Ambos entendieron que no podía cuidar de su familia si se quedaba sin fuerzas. Para mí fue gratificador ver la profunda transformación de la salud física y emocional de Sarah como resultado de adoptar una nueva definición de la maternidad.

Siempre es posible redefinir. Y es una experiencia maravillosa, como respirar aire fresco. Tuve una experiencia muy impactante con la redefinición cuando mis hijos eran adolescentes. Había ido a Copenhague en un viaje de trabajo y estaba a punto de regresar para pasar la Navidad con mi familia. Pero noté que no me apetecía ver ni a mi hijo ni a mi hija. De hecho, me sentía un poco estresado y agobiado al pensarlo. «¿Por qué? —me preguntaba—. ¿De qué manera estoy viendo a mis hijos que me haga sentir así?».

Me tomé un tiempo para reflexionar. El pensamiento que se me ocurrió fue algo conflictivo: «La definición de tus hijos en estos momentos es: problemas que hay que resolver». ¡Guau! Sí que me parecía cierto. Cuando alguno de los dos llamaba a la puerta de mi dormitorio, en seguida esperaba que apareciera un problema detrás de ella. Y eso había hecho que mi definición de padre fuera «solucionador de problemas».

Me pregunté de dónde me llegó esa perspectiva, y vi que la había heredado. Mi propio padre tenía tendencia a verme de esa manera.

Me pregunté si podría encontrar una definición mejor. Finalmente llegué a esta conclusión: «Mis hijos son mi única oportunidad de sentir el amor que puede darse entre un padre y un hijo. Son la única oportunidad que tengo de sentir amor paternal». Esa fue una gran sorpresa. Esta nueva definición no tenía nada que ver con cambiar la forma en que describía a mis hijos, solo las lentes a través de las cuales los había estado viendo sin ni siquiera saberlo. Esta nueva definición me hacía sentir mucho mejor, y podía ver que se ajustaba más a mi compromiso actual de disfrutar mi vida y mi familia al máximo.

De manera que volví a casa por Navidad ese año emocionado e ilusionado. Y más tarde (para mi sorpresa) lo que sucedió fue que, por alguna razón inexplicable, cuando llamaron a la puerta de mi dormitorio, lo que me apareció detrás de ella no fue ningún problema, sino seres humanos de carne y hueso a los que quería con toda el alma.

17

Herramienta n° 8 del Juego Interior: el triángulo RAD

La idea del triángulo RAD surgió de una pregunta perspicaz acerca del Juego Interior que hizo un ejecutivo interesado en el tema.

—Entonces, ¿qué es lo que hace en realidad el Juego Interior? –preguntó, tratando de condensarlo en una simple frase.

No tenía preparada una respuesta y tuve que reflexionar unos momentos sobre su pregunta. Me acordé de la gente que había experimentado cambios radicales en su vida usando el Juego Interior y respondí:

—Cuando jugamos bien al Juego Interior, en realidad suceden tres cosas al mismo tiempo: nuestro rendimiento es excelente, el aprendizaje se produce de forma natural y el disfrute está presente.

Fue como si, por primera vez, el Yo 2 estuviera respondiendo la pregunta. Y cuando volví a pensar en ello, comprendí que se trataba de una buena definición del trabajo, del juego o de cualquier otra actividad humana. Vi como también yo me había dejado influenciar por la noción cultural de que el rendimiento era lo único que contaba. El trabajo equivalía al rendimiento y el éxito se medía por sus resultados. Pero, de hecho, mientras trabajas también puedes estar aprendiendo o no. Del mismo modo, mientras trabajas estás teniendo algún tipo de vivencia, una sensación que puede ir desde la tristeza hasta la realización. Cuando miraba a los niños, veía que los tres elementos (rendimiento, aprendizaje y disfrute) tenían una importancia esencial en su desarrollo y solían producirse simultáneamente.

No es un secreto que el aprendizaje y el disfrute no forman parte de la definición de trabajo de la mayoría de la gente. Usar el triángulo RAD como herramienta es una manera de encontrar el equilibrio en cualquier actividad, un equilibrio que sencillamente resulta más humano que quedarte con una sola cara del triángulo y jugártelo todo a una carta. El rendimiento se produce en el mundo externo. Se construye el puente, se vende el producto, se pone la comida en la mesa... Indiscutiblemente los objetivos de rendimiento son necesarios. Pero también se pueden justificar ampliamente los objetivos de aprendizaje y disfrute. Se trata de experiencias internas pero son tan válidas como los resultados externos.

Mucha gente no cree que disfrutar sea una parte necesaria del rendimiento. Esto es especialmente cierto en Estados Unidos debido a la influencia de la ética puritana del trabajo. El filósofo de Nueva Inglaterra George Santayana escribió la siguiente definición de puritano: una persona que siente un miedo corrosivo a que en algún lugar, de alguna manera, alguien pueda estar disfrutando.

El triángulo RAD consiste en tres elementos igualmente importantes:

Rendimiento: el verdadero «actuar» en sí mismo.

Aprendizaje: lo que estás aprendiendo o desaprendiendo mientras actúas.

Disfrute: la calidad de la vivencia que estás teniendo mientras actúas.

Una madre soltera que asistió a uno de nuestros cursos contó esta historia. Un día, mientras se encontraba en el trabajo, recibió una llamada en la que le decían que a su hijo lo habían expulsado de la escuela y que necesitaba recogerlo en seguida. Mientras conducía hacia el centro escolar, se sentía ansiosa y un poco enfadada. Pero se acordó de la herramienta del RAD que había aprendido en el curso y empezó a pensar en cómo podía usarla para desprenderse del estrés.

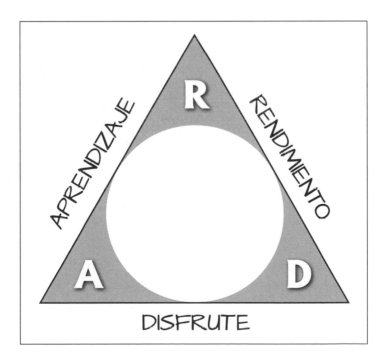

Su inmediato objetivo de rendimiento era simple. Su hijo ya había sido expulsado y ella no podía hacer nada para remediarlo. Sin embargo, comprendió que tenía un objetivo de aprendizaje. Sabía muy poco acerca de cómo era la vida en la escuela para su hijo. Había estado demasiado ocupada para detenerse y escucharlo. Y desconocía lo que había sucedido ese día en concreto para causar la expulsión. Tenía mucho que aprender y estaba interesada en hacerlo.

Cuando se planteó el objetivo de disfrute, se dio cuenta con una sensación de placer de que tanto ella como su hijo tenían todo el día libre, sin escuela ni trabajo, lo que significaba una oportunidad muy poco frecuente de pasar el tiempo juntos. Podía ser una aventura.

Puedes imaginarte la sorpresa de su hijo cuando vio que su madre llegaba sonriendo y le anunciaba que iban a ir a almorzar a su restaurante favorito. Terminaron teniendo una estupenda conversación, y ese día ella aprendió mucho sobre su hijo. Aprendió y se informó lo suficiente para poder hablar con el maestro acerca del incidente que provocó su expulsión temporal.

Ejercicio: usando la herramienta del RAD

La mayor parte del tiempo nuestro estrés empieza con un desequilibrio en el que la parte del rendimiento del triángulo anula todo lo demás. Así es como la sociedad nos condiciona. De manera que en este ejercicio quiero que elijas un área en la que el rendimiento te haga sentir estrés. Puede ser cualquier cosa: un conflicto familiar, un proyecto de trabajo, incluso un objetivo de reducir peso.

- ¿Cuál es tu objetivo de rendimiento? Decide objetivamente lo que quieres conseguir.
- ¿Cuáles son tus posibilidades de aprendizaje? Puedes elegir lo que quieres aprender de la experiencia que podría resultarte valioso.
- ¿Cuáles son tus perspectivas de disfrutar? ¿Qué experiencias positivas te gustaría tener en el proceso de rendimiento y aprendizaje?

Al principio, por la fuerza de la costumbre, seguirás estando tan centrado en el rendimiento que apenas tendrás en cuenta el aprendizaje y el disfrute. Pero si te propones en serio comprometerte con los tres elementos, pronto encontrarás un equilibrio en el que cada cara del triángulo vendrá apoyada e incluso realzada por las otras. Después de todo, actuar correctamente y aprender es divertido. Y el aprendizaje, con el paso del tiempo, mejora el rendimiento. En general controlas más tu vida. Te vuelves un *ser* humano, no solo un *hacer* humano.

18

Aplicando las herramientas: la historia de Eileen

Cuando tienes una buena caja de herramientas, puedes sacar cualquiera de ellas justo cuando te hace falta. He descubierto que normalmente el STOP es la primera que usa la gente, porque crea el espacio suficiente para utilizar las demás. Descubrir qué otra herramienta es la más eficaz para proporcionarnos un escudo o para construir una estabilidad duradera se convierte en un ejercicio creativo.

Recientemente tuve la extraordinaria oportunidad de entrevistar a una de las pacientes de John y Edd. Me habló de cómo la aplicación de las herramientas del Juego Interior había mejorado su estado de salud. Eileen nos impresionó a todos cuando participó en nuestro curso: era una mujer que se había criado en circunstancias extremadamente duras y cuya vida familiar en la edad adulta seguía siendo difícil. Sus altos niveles de estrés se manifestaban en problemas médicos graves. Y sin embargo su decisión de estar bien (de vivir en el Yo 2) se convirtió en una inspiración para todo el grupo.

Eileen tenía cincuenta y cinco años y aún era muy atractiva. La primera vez que vio a Edd fue cinco años antes, como paciente de urgencia, sin cita. Él la recuerda doblándose de dolor, llorando descontroladamente y chillando. Tenía un historial médico complicado, entre otras cosas varias operaciones, reflujo gástrico y malestar intestinal crónico. Esta mujer menuda estaba tomando dieciséis medicamentos y sus otros médicos le habían dicho que ya no podían ayudarla más. Tras un examen exhaustivo y muchas pruebas, Edd le diagnosticó síndrome del colon irritable, un trastorno que se agrava enormemente con el estrés. Conforme aprendía más sobre ella, descubrió que su historia ponía, literalmente, los pelos de punta. No tenía nada de extraño que su nivel de estrés se saliera de los gráficos.

Hoy día Eileen ya no es la mujer afligida y enferma que apareció en la consulta de Edd. Ya no padece dolor abdominal o síntomas intestinales. Su energía es alta y su ánimo, muy positivo. Es una persona diferente. ¿Cómo superó Eileen esos tremendos problemas físicos? Un factor importante para su bienestar fue que comprendió el papel que jugaba el estrés en su enfermedad y se comprometió a usar las herramientas del Juego Interior para apoyar su recuperación.

Cuando la entrevisté, descubrí un ejemplo inspirador de la vida real de alguien que había participado activamente en el Juego Interior. Estaba deseando compartir su historia con los demás, para demostrarles que era posible hacer un cambio radical incluso después de una vida entera de estrés.

MI ENTREVISTA CON EILEEN

—¿Te dabas cuenta de que el estrés era uno de los factores principales de tu enfermedad? –le pregunté.

—No. Me negaba por completo a reconocerlo –contestó—. No sabía que estaba tan estresada. De hecho, pensaba que manejaba bastante bien el estrés. ¡Qué tontería! No lo controlaba en absoluto, y me estaba destrozando.

—¿Qué es lo que más contribuía a ese estrés? —quise saber.

—He soportado una gran tensión durante toda mi vida —dijo Eileen—. Era una de las hijas mayores de una familia disfuncional con doce hijos. Nuestro padre se volvía agresivo y nos pegaba. Yo tomé el papel de protectora de mis hermanos y me cargaba el mundo en los hombros, incluso de pequeña. No podía decir no. No ponía límites. Me sentía totalmente abrumada. Estaba tan enferma cuando vine a ver al doctor Hanzelik... y desesperada porque ninguno de los demás médicos podía ayudarme. Me sentía apresada en mi propio mundo.

—¿Cómo empezaste a ponerte bien? —pregunté.

—Cuando vi por primera vez al doctor Hanzelik, pasó bastante tiempo conmigo. Sentí que, con su escucha, me respaldaba y le creí cuando me dijo que podía ponerme mejor. Primero tuve que aceptar que yo existía. Antes de ver al doctor, yo ni siquiera contaba. No tenía ningún control. Y tuve que aceptar que necesitaba ayuda. Llevaba mucho tiempo embarcada en una búsqueda espiritual. Sentía que estaba preparada para aprender. Todo el equipo que trabajaba con el doctor Hanzelik me ayudó.

—Cuando estabas tan enferma, ¿cómo encontraste la energía para ayudarte a ti misma?

—El simple hecho de hacer algo me ayudó a sentir algo de energía y el curso sobre el estrés me dio las herramientas que hacesitaba. Al principio la herramienta del STOP era especialmente valiosa. Podía retroceder y pensar con claridad antes de decir sí a otro compromiso. Las preguntas de control también me ayudaron mucho. Me repetía una y otra vez que no podía cambiar a los demás, que tenían que cambiar por sí mismos. Esto tuvo una gran importancia para mí. Me había pasado tanto tiempo intentando cambiar a mi familia que ni siquiera sabía que hay otra forma de hacer las cosas.

»Hace poco intenté ayudar a mi sobrina de catorce años, que tenía una gran cantidad de problemas. No solo había veces en que no colaboraba, sino que los demás miembros de la familia estaban enfadados conmigo y me echaban la culpa cuando las cosas iban mal. Esta era una de las principales causas de estrés para mí, y me ayudó el hecho de comprender que no podía cambiarlos: solo podía cambiarme a mí. Así que empecé a dar pasos para ayudarme a mí misma. Entre esos pasos estaban los cambios nutricionales, asistir a talleres sobre salud, aprender a meditar, ver a un psicólogo e ir a un balneario. Empecé a ver al doctor Horton a fin de recibir más psicoterapia para el estrés y asistí a talleres para personas con heridas emocionales. Descubrí que podía dejar de reaccionar automáticamente ante las necesidades de todo el mundo.

»Inmediatamente adopté las herramientas del curso sobre estrés. Una de las primeras cosas que aprendí fue la importancia de la conciencia, la elección y la confianza. Ahora siempre tengo esas hermosas palabras en mi mente, y de verdad me ayudan mucho. Soy consciente de lo que sucede a mi alrededor, y también de lo que me sucede a mí. Soy mucho más consciente de lo que le ocurre a mi cuerpo. Antes ni siquiera podía sentirlo hasta que me sucedía algo tan terrible físicamente que tocaba fondo. No podía ni sentir mi dolor.

»La elección fue muy importante. Antes, si alguien me llamaba en un estado de pánico, saltaba al coche y salía corriendo para ayudarle, y todo esto sin dejar de hablarle por el móvil mientras me dirigía a su casa. Ahora tiendo a hacer las cosas de otra manera, por ejemplo, puedo decir: «En este preciso momento me resulta imposible ir, pero puedo rezar contigo por teléfono». Me di cuenta de que ya no podía seguir rescatando a todo el mundo.

»Aprendí que necesitaba un escudo para protegerme. Tenía mucho miedo de que querer cuidar de mí fuera egoísmo. Recuerdo que lloraba porque pensaba que estaba siendo egoísta. Empecé incluso a cuestionarme mi propia existencia. Me preguntaba cómo podía considerarme a mí misma una persona bondadosa cuando apenas había sentido amor en mi propia vida. Examiné una por una las fases de mi existencia y descubrí que tenía un sistema de creencias que nunca había puesto en duda. Escuchaba voces con las opiniones de todos diciéndome lo que debía y no debía hacer. Tú le llamas el creador de estrés. Comencé a cuestionarme seriamente todas mis creencias y descubrí mi propio lugar en mi propia vida. Aprendí a creer en mí.

»El ejercicio de la actitud también me ayudó mucho. Hice un cartel y puse copias por toda la casa para acordarme de usar las herramientas. En el centro del cartel estaba la pregunta: «¿A qué actitud estás volando?». Alrededor había escrito conciencia, elección y confianza. La gente pensó que estaba loca, pero tenía que hacerlo. Incluso le entregué carteles a todos los del curso sobre el estrés. Recuerdo que le decía a la clase: «Estas herramientas funcionan. Estoy trabajando con ellas y me ayudan». Comprendí que tenía que hacer los ejercicios y los deberes y practicar con las herramientas. No podía volver atrás. No tenía otra elección que seguir avanzando —me dijo, dejando asomar unas lágrimas.

—Puedo ver cómo las herramientas te han ayudado a luchar —señalé—. Pero, dime, ¿cómo se traduce esto en el alivio de tus síntomas médicos?

—Siempre he tenido dolores fuertes en los hombros y en el estómago —dijo Eileen—. Cuando vine por primera vez a la consulta del médico no podía permanecer erguida, el pelo se me estaba cayendo y la gente me decía que tenía muy mal aspecto. Entraba en el coche y me ponía a llorar por lo mal que me sentía. Estaba tan enferma que no podía comer nada. El estómago me rechazaba la comida. Parecía que estuviera ardiendo por dentro. Comprendí que el estrés tiene realmente manifestaciones físicas. Era como si las preocupaciones de mi mente repercutieran directamente en mi intestino.

»Ahora camino más erguida, siento que a mi alrededor todo es más ligero y han dejado de dolerme los hombros y el estómago. La gente me dice que tengo muy buen aspecto, y yo también me siento estupendamente. Descubrí que el mayor problema era mi mente. No lo sabía. Ahora siento que tengo una mente y un cuerpo más saludables.

Sentado frente a Eileen, podía ver que me estaba contando la verdad: realmente había aprendido por sí misma a usar las herramientas del Juego Interior. Sin embargo, le insistí:

—Creo que algunos lectores leerán tu historia y pensarán que suena demasiado fácil –le sugerí–. ¿Qué les dirías?

Se rió.

—No, no ha sido fácil –me aseguró–. He tenido recaídas, como le hubiera pasado a cualquiera. El mayor desafío fue cuando tuve una crisis familiar. Al principio no era capaz de lidiar con ella. Estaba tan abrumada que no podía usar las herramientas. Volví a sufrir todos los síntomas de estrés: los dolores de hombros y de estómago, la ansiedad, los problemas de digestión y la depresión. No quería volver a estar estresada, pero no sabía cómo pararlo.

»Llamé por teléfono al doctor Hanzelik y al doctor Horton. Me aconsejaron que siguiera usando las herramientas. Volví a ver a un psicólogo, y una vez más asistí al seminario sobre el estrés, que me ayudó mucho. Hice el ejercicio de la actitud con la ayuda de toda la clase, y mi actitud cambió. Mi nueva actitud era que podía manejar la crisis por la que estábamos pasando y que mi familia y yo aprenderíamos de esta experiencia y le sacaríamos provecho. Esta actitud me hizo sentir bien y he seguido manteniéndola. Ahora siento que he recuperado el equilibrio. Una vez que sientes lo que es vivir sin estrés, ya no quieres volver a vivir con estrés.

Esta afirmación me impresionó. *Una vez que sientes lo que es vivir sin estrés, ya no quieres volver a vivir con estrés.* ¡Exactamente! Se trata de elegir entre sentirte indefenso ante las circunstancias y descubrir que tienes el control e incluso puedes encontrar la satisfacción en medio de ellas. Los valientes esfuerzos de Eileen demuestran lo importantes que pueden ser las herramientas del Juego Interior, y no hay duda de que confiar en estas herramientas tuvo un gran impacto en su capacidad para superar los desafíos con los que se enfrentaba. Estaba claro que se había convertido en la directora general de su vida, y recuperó acciones de aquellos a quienes había estado intentando agradar por todos los medios. Redefinió lo que significaba para ella ayudar a alguien. En todas sus actividades, paralelamente al rendimiento, se producía aprendizaje y disfrute. Las preguntas de control, el ejercicio de la actitud y el CEC dieron lugar a un enérgico proceso de aprendizaje en el que aprovechó muchos otros recursos. El hecho de descubrir cómo reducir el estrés afectó profunda y positivamente a su bienestar físico, mental y social, así como a su capacidad de disfrutar la vida. Su entusiasmo era contagioso: me daba alegría ver a alguien que le había sacado todo el partido a la caja de herramientas.

Cada uno usa la caja de herramientas a su manera. No hay una fórmula única para reducir el estrés que se pueda aplicar por igual a todo el mundo. Pero lo que sí sabemos es que si aprendes a aprovechar tus recursos internos y mejoras tu estabilidad continuamente, podrás enfrentarte a cualquier desafío sin dejarte vencer. Descubrirás que, cuando se trata de estrés, tú eres quien decide.

—Mi vida entera cambió —me dijo Eileen, llena de entusiasmo y sinceridad—. Comprendí que mi propósito, más que socorrer a todo el mundo, era mantenerme lo bastante sana para ayudar a los demás de una forma consciente. Eso forma parte de mi escudo: saber lo que puedo hacer, lo que no puedo hacer y lo que puedo recibir. Estar dispuesta a recibir tiene una gran importancia en todo esto. Para mí era nuevo. También he aprendido a decir no y a alejarme de la gente que no me estaba ayudando. Ese fue un gran paso para mí. Antes vivía la vida de una forma visceral, basándome en reacciones emocionales. He descubierto que puedo vivir desde el corazón. Y eso me hace sentir mucho mejor.

El Yo 1 suele usar una cara del triángulo RAD, dejando a un lado las otras. El resultado puede ser un desequilibrio insostenible de la salud y el bienestar. En el transcurso de uno de nuestros seminarios sobre el estrés, un ejecutivo nos contó que su exitosa carrera en el mundo inmobiliario llegó a volverse totalmente agobiante e improductiva cuando dejó que las ambiciones del Yo 1 le consumieran por completo. Describió cómo se extralimitó seriamente en un proyecto y no solo perdió gran cantidad de dinero sino que, debido a las pérdidas, terminó hundiéndose en una depresión. Ahora que ha vuelto a tener una vida equilibrada, resume su experiencia advirtiendo a los demás:

—En el triángulo RAD, no reemplacéis la D de disfrute por la E de ego.

Ejercicio: aplicar las herramientas

Elige la circunstancia de tu vida que te esté causando la mayor preocupación. Luego escoge dos o tres herramientas de la caja y aplícalas a esta situación. Antes de empezar, ten en cuenta estas dos preguntas:

1. En una escala del uno al diez, ¿cuál es mi nivel de confianza en que aplicar las herramientas puede ayudarme?
2. En una escala del uno al diez, ¿hasta qué punto me comprometo a perseverar en la aplicación de las herramientas en mi vida?

19

Aplicando las herramientas: asuntos de vida o muerte

Cuando desarrollé el Juego Interior, comprendí que su aplicación iba más allá de golpear unas pelotas. Era un enfoque que funcionaba en todas las áreas de la vida. Colaborar con los doctores John y Edd ha acentuado esta apreciación. En su trabajo se enfrentan a diario con asuntos de vida o muerte y es entonces cuando la gente suele reflexionar seriamente sobre la calidad de su existencia. El objetivo de las herramientas del Juego Interior es proporcionarte, incluso en esos momentos, una respuesta adecuada al juego de la vida.

FICHA DEL PACIENTE
del doctor John Horton

ROBERT NO SE EQUIVOCA

Hace muchos años un colega me preguntó si podía encargarme del cuidado domiciliario de Robert Young. La mayoría de la gente de una cierta edad recordará a Young como el actor de la serie de televisión *Father Knows Best*, y más tarde como el médico de cabecera en la serie *Marcus Welby, M.D.* Interpretando personajes de ficción, Robert Young se había convertido en un icono viviente que representaba al padre y médico ideales. Aunque yo tenía bastantes años de experiencia como codirector de una residencia médica, me sentía un poco intimidado. Había oído algunas veces comparar a los médicos con Marcus Welby y casi siempre de forma desfavorable.

El mismo Robert rechazaba cualquier pretensión de grandeza. De hecho, a lo largo de los años aseguró en muchas ocasiones que él no era el padre que representaba ni tampoco tenía la sabiduría del médico. Tuvo problemas con alcoholismo y depresión, y en las entrevistas expresaba su consternación porque la gente no fuera capaz de separar al personaje televisivo de la persona real e imperfecta que era.

La primera vez que fui a verlo, estaba bastante avejentado. Ya no bebía y su depresión había dejado de ser un problema. Tenía una casa preciosa y cuidadores muy entregados y capaces. Me pareció amable, encantador y afectuoso.

Cuidé de su salud durante tres años y establecí una buena relación personal con él. Con el tiempo decidimos permitirle que hiciera lo que quisiera, no obligarle a levantarse para hacer ejercicio ni hacer cualquier otra cosa que no deseara. Le encantaba estar en la cama y dormía mucho, apaciblemente, como un niño. Cuando se levantaba, ingería una comida sustanciosa, veía la televisión y visitaba a sus amigos. En los últimos meses de su vida, no quería salir de la cama, y nos ocupábamos de él allí mismo. Un día, cuando fui a visitarlo, Robert se despertó radiante y de buen humor. Le pregunté cómo se encontraba. Me miró con una encantadora expresión de satisfacción en el rostro y contestó:

—Perfectamente.

De hecho, cuando finalmente murió, lo hizo sin un suspiro, ni un gemido, ni ninguna muestra de dolor. El personal estaba presente, y fue tan sereno y tan bello que espontáneamente aplaudimos. Alguien exclamó:

—¡Robert, qué manera de abandonar el escenario!

Nuestro esfuerzo con Robert Young fue lograr que sus últimos años tuvieran la menor cantidad de estrés posible. Nadie le pedía que hiciera nada que frustrara su deseo de descansar y relajarse. Se sabe que, cuando se le permite aflojar la tensión, hasta el cerebro más estresado es capaz de borrar gran parte del sufrimiento pasado y de desarrollar nuevos circuitos.

Ahora existe un maravilloso movimiento para crear un cuidado terminal «social» que proporcione a quien está muriendo, en su hogar o en un centro de cuidados paliativos, el entorno adecuado para poner sus asuntos en orden y superar el sufrimiento, y tener la oportunidad de abandonar sus vidas en un estado de paz y amor. He sido testigo de esto una y otra vez cuando hay suficiente tiempo y comprensión para permitir este tipo de partida.

Por otro lado, cuando el miedo, la frustración y el dolor dirigen el sistema de estrés en un momento tan delicado como este, los derivados de la lucha (la ira, la amargura, la queja), de la huida (el abuso de drogas, la imaginación desbocada, la disociación) o de la parálisis (la ansiedad, la desesperación, la depresión) hacen que el proceso de partir sea duro para todos. Está en nuestras manos elegir cómo queremos evolucionar incluso en los últimos meses, semanas, días y horas de nuestras vidas.

EL JUEGO INTERIOR DEL ENVEJECIMIENTO

Mi trabajo inicial con el Juego Interior se desarrolló principalmente con gente joven del mundo deportivo, por eso no surgió el tema del envejecimiento. Más tarde, cuando empecé a realizar entrenamientos en las empresas, noté desde un principio que los trabajadores de mayor edad tenían una actitud determinada acerca del envejecimiento que agravaba su estrés. Era algo así como «ya no estoy en mis mejores años». Recuerdo a un hombre, un director de gran éxito y capacidad, diciendo: «La semana pasada cumplí cincuenta. A partir de ahora todo irá cuesta abajo». Y sin embargo, mirándolo objetivamente, no era en absoluto diferente a como había sido una semana antes. De hecho, mi observación era que, a los cincuenta, se hallaba en la cúspide. Pero eso no importaba. La cifra le había golpeado. La diferencia estaba en su actitud.

La presión social que aparece con la edad es real. Pero se trata de un factor estresante, separado de quienes somos en realidad. En el tema de la edad no tenemos que dejarnos convencer por las voces del creador de estrés. Podemos ignorarlas.

La forma en que muchos abordan el envejecimiento me recuerda a la presión por obtener buenos resultados que interfiere al jugar al tenis. La gente piensa mucho en sus movimientos, se esfuerza por controlar el juego, se preocupa por los resultados de sus acciones y por su imagen. Todo esto son interferencias provocadas por la inseguridad que perjudican al juego.

HERRAMIENTAS PARA ENVEJECER

Es posible vivir tus últimos años sin esa interferencia, como un Yo 2 puro al que no le afectan las voces del Yo 1. Para esto el triángulo RAD resulta una herramienta muy útil. Quizá sea verdad que conforme vas envejeciendo ya no podrás actuar con la misma habilidad en algunas áreas, pero puedes crear nuevos objetivos de rendimiento. Y cuando les des el mismo peso a los otros dos elementos, disfrute y aprendizaje, se presentarán nuevas oportunidades. Puedes seguir disfrutando hasta el día de tu muerte, y lo mismo sucede con el aprendizaje. Puedes decir: «No voy a consentir que el estrés me robe la oportunidad de disfrutar el precioso regalo de la vida».

La herramienta de la actitud también resulta muy útil en este caso. Pruébate una nueva actitud acerca del hecho de envejecer. Por ejemplo:

- Ahora tengo más sabiduría, y puedo compartirla con los demás.
- Tengo más tiempo para reflexionar y descubrir mis recursos internos.
- Dispongo de una segunda oportunidad de saber lo que sabía de niño: la vida está para disfrutarla, no hace falta una razón determinada; estar aquí es algo maravilloso, y es posible ir continuamente de un momento de diversión a otro.
- Puedo relajarme, acabar con los sufrimientos de mi vida y encontrar la paz que me hace falta para vivir y morir con dignidad.

Un hombre de noventa años me dijo una vez:

—Ya no me importa lo que la gente piense de mí. Puedo decir lo que quiero.

Esto sucede a menudo con las personas muy mayores. Se desprenden de todos sus miedos y juicios y vuelven a ser simplemente ellas mismas.

CAMBIANDO DE ACTITUD ANTE LA MUERTE

Kathy tenía cuarenta y nueve años y le habían diagnosticado esclerosis múltiple. Casi todas las noches se despertaba con ataques de pánico. Tras el diagnóstico, estaba muy asustada, a pesar de que un reputado especialista de la UCLA (Universidad de California, en Los Ángeles) le aseguró que se trataba de unos síntomas bastante ligeros y que tendría una esperanza de vida normal.

Cuando Kathy despertaba en medio de la noche, la consumía el miedo, no a la incapacidad sino a la muerte en sí. En lugar de intentar convencerla de que no había motivos para tener miedo, le expliqué el enfoque del Juego Interior y le pedí que se probara otras actitudes con respecto a la muerte e intentara encontrar una que le sirviera de escudo durante la noche. Le sugerí algunas actitudes.

—¿Qué te parece que cuando mueres, vas al cielo?

—No me lo creo —contestó.

—¿Qué te parece que cuando mueres, vuelves a los átomos y no existe nada más?

—Eso es lo que me da miedo —exclamó—. No me sirve.

Al final le sugerí esta actitud:

—Has vivido más de cuarenta años. Algo de una naturaleza benigna te ha cuidado todo este tiempo, y quizá cuando te marches, esta misma energía bondadosa seguirá cuidando de ti.

Kathy sonrió.

—Eso me gusta —dijo.

Le conté que las investigaciones sobre experiencias cercanas a la muerte apoyan esa actitud. Los elementos que se repiten en esas experiencias son que la gente sentía una paz y una luminosidad llenas de amor y que esa energía amorosa la guiaba a disfrutar de la vida y a aprender a amar. Eso también le gustó.

Conforme Kathy comenzó a adoptar esta actitud consciente, en lugar de la inconsciente que había tenido hasta entonces, los ataques de pánico cesaron con la misma rapidez con la que habían empezado. La conozco desde hace una década y no ha vuelto a tener más ataques de pánico desde ese día.

Mi experiencia con Kathy me recordó un famoso relato chino que habla de un ministro leal y sabio al que los guardias de un emperador estúpido llevaban a su ejecución. El sabio ministro se detiene y admira los ciruelos en flor, y un guardia le pregunta:

—¿Por qué miras esas flores si vas a morir?

Él le contesta:

—¿Qué otra cosa debería hacer?

UNA DEFINICIÓN NUEVA

Jack era un ejecutivo de unos cuarenta y cinco años obsesionado con la edad hasta un grado enfermizo. Presentaba un aspecto juvenil, exitoso y, aparentemente, buena salud; no parecía tener ningún motivo para estar tan preocupado. Me preguntaba qué definición podía estar empleando que contribuyera a su estrés. Tras indagar un poco, descubrí que su padre murió de un ataque cardiaco a los cincuenta y dos años, y que desde entonces Jack siempre había vivido como si le quedara poco tiempo. Aunque estaba muy en forma y los médicos le aseguraban que gozaba de buena salud, no podía quitarse de encima la idea de que había un trastorno hereditario que acabaría con él. Le pedí a Jack que se planteara una nueva definición más coherente con sus circunstancias y compromisos, una definición no solo de sí mismo sino también de su padre. El ejercicio le dejó impresionado y tuvo un efecto muy liberador. Nunca había separado sus propias perspectivas de lo que le sucedió a su padre. Llegó a la conclusión de que estaba viviendo de una forma muy sana y de que, más allá de eso, no tenía ningún control sobre el momento de su muerte.

Un amigo que se iba acercando a los sesenta y cinco años estaba cada vez más deprimido porque en su trabajo eso significaba el retiro forzoso. Para mucha gente la idea de jubilarse es perjudicial para su salud. La palabra en sí es negativa, ya que implica dejar de producir y de conseguir cosas. En resumen, que ya no sirves. No me extraña que la gente mayor se sienta avergonzada. Es todavía más insultante en estos tiempos, cuando podemos vivir con vigor hasta los ochenta y más allá. Empleando la herramienta de la redefinición, le pregunté si había otra definición que pudiera darle a retirarse, y se le ocurrió la idea de que retirarse significa una «segunda vida». Esto le permitió la movilidad suficiente para abordar sus años venideros con entusiasmo y optimismo.

SIGUES ESTANDO AL MANDO

Cuando eres el director general de tu vida, estás a cargo de todo, tanto si tienes veinte, cuarenta, sesenta como más de noventa años. Nadie puede despedirte o retirarte de tu propia vida. Presides la mesa hasta que te mueras. La gente a tu alrededor puede tener opiniones, pero tú eres quien decide tu misión y tus actividades.

Un amigo mío, antiguo director de empresa, que tiene ochenta y cinco años, me dijo:

—He cumplido todas las obligaciones que tenía con la sociedad y ahora me pregunto qué voy a hacer con el resto de mi vida.

Hablamos sobre la analogía del director general y, tras pensar sobre ello, dijo:

—¿Por qué no, como director general, declaro que mi misión y producto principal es disfrutar el resto de mi vida? —Le gustó esta idea, pero luego añadió malévolamente—: Mi «subdirector de placer» me está diciendo que la manera de disfrutar de la vida es conocer mujeres e ir de flor en flor.

Me hizo reír el ánimo de este octogenario, todavía atractivo y vigoroso, y dije:

—Bien, si como director general comprometido a disfrutar al máximo tu vida, recibieras ese consejo de un subdirector, ¿le harías caso?

—Probablemente no —contestó, pero había entendido la idea. Él podía decidir.

En uno de nuestros seminarios de estrés, Gail, una mujer divorciada de unos cincuenta y tantos años, señaló:

—Mi «subdirector de apariencia» me dice que debería hacerme un *lifting* en el rostro si quiero competir social y profesionalmente. No estoy segura de si debo hacerle caso. ¿Tú qué crees?

—Creo que si estuvieras dirigiendo una empresa y uno de tus subdirectores te sugiriera una dirección sobre la que no estás segura, pedirías otras opiniones —fue mi respuesta.

Rió con ganas.

—Sí, mi «subdirector de finanzas» se opone totalmente a la idea.

La herramienta de la pregunta de control también puede ayudar a poner la edad en perspectiva. Tú no controlas ni el paso de los años ni la decadencia gradual de tu cuerpo físico, ni el hecho de que algún día morirás. Pregúntate qué es lo que estás controlando y qué es lo que podrías controlar.

FICHA DEL PACIENTE
del doctor Edd Hanzelik

REJUVENECER

Aunque envejecer es una parte natural de la vida, a mis pacientes les cuesta mucho aceptarlo. Lo ven como un fracaso, como si se hubieran fallado a sí mismos por perder toda la capacidad que tenían cuando jóvenes. Pero una de mis pacientes, Esther, me ayudó a entender que es posible aceptar e incluso disfrutar el proceso.

Esther tenía casi setenta años y llevaba muchos sin sentirse bien. Sin embargo, estaba completamente decidida a mejorar y abierta a probar nuevos enfoques y terapias. Probó una nueva dieta, aumentó su actividad física, tomó suplementos y empezó a ver a un terapeuta. Con el transcurso de los años su salud mejoró en gran medida. Un día me dijo:

—Me siento mejor que en toda mi vida. —Y luego añadió—: ¡Estoy *rejueveneciendo*!

Me impactaron sus palabras. Comprendí que rejuvenecer es posible en cualquier etapa de la vida. Las cualidades interiores de la juventud no desaparecen conforme envejecemos. Todavía podemos sentir curiosidad, determinación, entusiasmo, emoción e ilusión. No hay nada que nos impida vivir la vida plenamente mientras estemos vivos.

En los mayores la actitud es una de las claves de la salud. Una y otra vez he visto a hombres y mujeres de edad enfermar una vez que se han retirado y sus hijos han abandonado el hogar. El estrés de pensar que ya no tienen ningún propósito en la vida es demasiado grande para soportarlo. Les ayudo a ver que siguen siendo ellos mismos, haciéndose mayores, y que su capacidad de vivir plenamente sigue ahí. En nuestra consulta vemos cómo podemos disfrutar la vida hasta el último aliento.

Me encanta la manera en que algunos pacientes adoptan esta concepción y descubren maneras diversas y totalmente únicas de permanecer vitales y activos mientras cumplen los ochenta y hasta los noventa años. Estos esfuerzos tienen unos efectos positivos espectaculares en su salud y su bienestar.

ELIGE TU HERRAMIENTA

Espero que estés empezando a ver que por muy difíciles que sean las circunstancias, puedes acudir a tu caja de herramientas del Juego Interior y encontrar una que te ayude a superar el estrés. Incluso cuando te estés enfrentando a asuntos de vida o muerte o a múltiples factores estresantes, puedes centrarte en tu estabilidad interior, usar tu escudo y elegir herramientas para seguir adelante sin alterarte. Se puede jugar al Juego Interior al más alto nivel, independientemente de la edad, las circunstancias económicas o cualquier otra realidad externa.

Conclusión

El Juego Interior de la vida

Una vez me preguntaron:

—¿Cómo sé si estoy jugando bien al Juego Interior? Mi respuesta fue:

—Tienes una sensación de que las cosas suceden sin esfuerzo. Cuando dejas de esforzarte tanto y empiezas a confiar más, llega el éxito.

Hace muchos años, Jennifer Capriati, una tenista de categoría internacional que por aquel entonces tenía solo catorce años, concedió una entrevista que nunca he olvidado. Recalcando su juventud, un reportero señaló que debía de sentirse muy asustada y estresada ante la perspectiva de competir con algunas de las grandes figuras del tenis. Jennifer respondió:

—Si me sintiera asustada jugando al tenis, para mí no tendría sentido jugar.

¡Los niños siempre dicen la verdad! Jennifer creció y tuvo algunos problemas en su vida, pero en aquel momento estaba hablando como un Yo 2 puro, sin las dudas y miedos que nos impone el Yo 1, el creador de estrés. La liberación del estrés se produce cuando nos damos permiso para estar presentes en cada momento de nuestras vidas, disfrutando y aprendiendo.

Esto no es una quimera. Hay quien dice: «Sí, en un mundo ideal pensaría en mí antes que en nadie. En un mundo ideal dejaría de saltar cada vez que el jefe me dice: 'Salta'. Pero en el mundo real no se puede hacer eso». Sin embargo, espero que leyendo este libro te hayas dado cuenta de que cuanto más le dejas al creador de estrés que controle tus pensamientos, menos productivo te vuelves. Y también menos sano y feliz. No se trata de elegir entre sentirse bien o tener éxito. De hecho, sentirse bien es fundamental para el éxito.

Jugar al Juego Interior significa darte cuenta de que todos esos juicios sobre si vales o no vales lo suficiente son falsos. Te los han impuesto los demás y tu propio crítico interno. Cuando estás presente en tu vida, te sumerges de lleno en cualquier cosa que estés haciendo, eres consciente de lo que sucede sin juzgar.

Volvamos una vez más a los niños. Acuérdate de cuando un niño está aprendiendo a andar: se cae y se levanta, se cae y se vuelve a levantar. No le decimos: «¡Qué idiota! Ni siquiera eres capaz de ponerte de pie». No, sonreímos y disfrutamos lo que vemos como un proceso natural y hermoso. Aplaudimos y exclamamos: «¡Qué ser tan extraordinario!». Y el niño no se dice a sí mismo: «¡Qué torpe soy!». No, se ríe y vuelve a intentarlo.

Todo en este proceso nos resulta apropiado y natural, pero con el tiempo perdemos la capacidad de estar aquí y ahora, disfrutando y aprendiendo. Un amigo que me visitó recientemente parecía deprimido. Me dijo:

—Quiero a mi esposa. Estoy feliz de haberme casado con ella.

—Entonces, ¿a qué viene esa cara? —le pregunté.

—Nos casamos hace poco —respondió—. No conozco a muchas parejas que sean felices después de diez o de veinte años de casados. No estoy seguro de que podamos seguir como estamos ahora.

Su matrimonio iba bien, pero los «qué pasará» le estaban hundiendo en el miedo. ¿Cuántas veces dejamos que el miedo a una posible catástrofe en el futuro nos impida disfrutar la vida?

FICHA DEL PACIENTE

del doctor John Horton

REFLEXIÓN Y SANACIÓN

Martha, una nueva paciente que había cosechado un gran éxito como ejecutiva, vino a hablarme sobre su cansancio. Las pruebas médicas que le habían hecho con anterioridad a esta visita no revelaban ninguna causa física clara para la fatiga. Un amigo le había recomendado que fuera a verme para obtener una segunda opinión. En el extenso historial, Martha mencionó varias veces el estrés como posible causa, pero pensaba que lo «manejaba» bien a base de ejercicio, frecuentes minivacaciones y hábitos alimentarios sanos.

Antes del examen físico, Martha se sentó en la silla y me preguntó qué pensaba sobre su situación y el estrés. Como su estado de salud ya había sido analizado extensamente por otros médicos, pude concentrarme en contestarle. La conversación que siguió fue sorprendente. A mí me sorprendió porque sin la menor explicación la había hecho entrar en el proceso de descubrimiento y reflexión del Juego Interior. Ambos coincidimos en que como consecuencia de ese proceso se había abierto una nueva perspectiva que en poco tiempo conseguiría aliviar parte de la carga de estrés que llevaba encima.

Le expliqué que para entender el estrés le hacía falta primero comprender en qué consiste la vida. Le pregunté:

—¿Cuáles son las necesidades y prioridades de tu vida física?

Martha respondió:

—Sueño: ese es un problema que tengo últimamente. Y además, buena comida, ejercicio y vacaciones.

—Creo que has fallado en algunas de esas prioridades —le dije sonriendo.

Se quedó desconcertada y bastante intrigada.

—¿Qué quieres decir? —preguntó.

—No mencionaste el agua —contesté.

—Ah... claro.

—Ni calentarte cuando tienes mucho frío y refrescarte cuando tienes calor...

—Sí —asintió—. Eso es importante.

—Y, por último, ¿qué pasa con el aire?

A Martha le hacía gracia haberse equivocado en las tres prioridades. Le señalé que la estructura de nuestra existencia física está muy clara, y que en realidad cuanto más importante es algo, más sencillo y agradable resulta. La respiración es un regalo, tan importante que nunca tenemos que pensar en ella.

Le expliqué que las principales causas del estrés son el miedo y la frustración. Experimentar estos estados activa la poderosa corriente del sistema de lucha-huida-parálisis y altera nuestros pensamientos, emociones y acciones. Martha lo entendió.

Entonces le pregunté cómo era la estructura de su vida (o la de cualquiera) a nivel psicológico y social. Tampoco en ese momento estábamos hablando sobre el estrés, sino sobre la estructura de la vida. Era una conversación espontánea y emocionante.

Ella meditó sobre la pregunta y contestó que la prioridad eran las relaciones sociales. Tras reflexionar un poco más, añadió que tener una buena imagen de sí misma también era importante. Le pregunté si había otras necesidades básicas que hubiese pasado por alto. Pensó y respondió que no. Le dije que había tres que no había mencionado y volvió a mostrarse sorprendida y curiosa. Le pregunté si conocía la pirámide de necesidades de Maslow. Me respondió que sí y le señalé que había omitido las dos primeras necesidades: supervivencia y seguridad. A ella no le suponían ningún problema porque era rica y vivía en un lugar seguro.

Sin embargo, cuando le recordé la necesidad de autorrealización, hizo una pausa y durante unos instantes permaneció en silencio. Luego, con una profunda convicción, me explicó que llevaba mucho tiempo ignorando esa necesidad y que sabía que esa era la causa de su fatiga.

Martha me dijo que siempre había trabajado en primer lugar por diversión, y que el dinero y el estatus social eran secundarios. No obstante, llevaba unos cuantos meses sin disfrutar de su trabajo. Hablamos de cómo el sistema del estrés está ligado a las emociones. Igual que todas nuestras necesidades físicas primordiales están unidas a las emociones, también lo están las necesidades psicológicas y sociales. Es un sistema simple basado en el placer. Si nuestro trabajo o nuestra vida social no nos hacen disfrutar, querremos huir o luchar para cambiar las cosas, o nos quedaremos paralizados (estancados). Pero nuestra capacidad de racionalizar es tan poderosa que ignoramos el aspecto emocional y nos obligamos a nosotros mismos a adaptarnos. De una manera inconsciente la falta de satisfacción de Martha había activado su reacción de estrés.

La frustración de cualquier necesidad básica provoca con el tiempo reacciones de estrés crónico y, posiblemente, alguna enfermedad. Esto es así incluso cuando no somos conscientes de la necesidad y no la tenemos en cuenta. Asistimos a pacientes que creen que pueden vivir sin amor, sin autoestima o sin llegar a realizarse. Hasta que son conscientes de estas necesidades y se esfuerzan en satisfacerlas, tienden a permanecer en un estado de estrés crónico y les resulta muy difícil sobreponerse a las enfermedades.

DESPRÉNDETE Y VIVE

Recientemente tuve el privilegio de escuchar al aventurero de sesenta años Miles Hilton-Barber pronunciar una conferencia sobre motivación al final de un curso de gestión de empresas para Rolls-Royce. Entre sus logros está escalar el Kilimanjaro —la montaña más alta de África— y el Mont Blanc —la más alta de Europa occidental—. Asimismo realizó con éxito la que se conoce como «la caminata más dura de la Tierra» (doscientos cuarenta y un kilómetros por el desierto del Sahara en el maratón *des Sables*) y cruzó en su totalidad el desierto de Qatar en setenta y ocho horas sin dormir. Estos logros serían extraordinarios para cualquier aventurero. Pero Miles comenzó a enfrentarse a estos retos cuando tenía cincuenta y cuatro años. Y era ciego.

Contó que hasta ese momento había estado viviendo en la prisión de su ceguera. A los cincuenta decidió que no dejaría que su falta de visión le limitara en nada de lo que realmente quería hacer.

—Este cambio, simple pero profundo, de actitud fue lo que dio inicio a mi carrera de aventurero —explicó. En sus palabras no solo había sabiduría, sino también el entusiasmo de alguien que creía en disfrutar de cada momento de su vida—. Ahora es muy difícil que algo me cause estrés.

Todos hemos visto ejemplos de gente que sufre durísimas pérdidas y sigue adelante, con valor e incluso con alegría. Han descubierto maneras de usar sus recursos internos para ganar estabilidad, a pesar de su dolor. Los ponemos en un pedestal, pero en realidad todos tenemos la capacidad de usar nuestros recursos internos de esa manera.

Jugar al Juego Interior no significa renunciar a nuestros apegos, sino desprendernos de ellos cuando sea necesario. Tenemos que evitar ser como el mono que queda atrapado en una trampa porque no es capaz de sacar una manzana de ella. Jugar al Juego Interior significa vivir en el momento sin atarse a él.

Una vez asistió a nuestro taller sobre el estrés una mujer que no parecía conseguir extraerle el menor provecho. Confesó que se sentía tan estresada al final como lo estaba al principio. A John le intrigaba este asunto y, como conocía a su marido, le preguntó por qué creía que su mujer oponía tanta resistencia. El hombre dijo:

—Está obsesionada con la vida de nuestros hijos mayores. Imagínate: su taza de café tiene una inscripción: «Si los quieres, déjalos marchar. Si no vuelven, persíguelos y mátalos».

Años más tarde la mujer vino a ver a John como paciente y le contó que le estaba costando mucho solucionar algunos asuntos con sus hijos y sus familias. No era capaz de desapegarse. Tras unas pocas sesiones y un tiempo usando las herramientas del Juego Interior, trajo la taza de café y se la entregó a John.

—Puedes quedártela –dijo con una sonrisa.

FICHA DEL PACIENTE

del doctor Edd Hanzelik

LIBRE PARA AMAR

Judith, una paciente de cuarenta y ocho años, describió cómo su hijo nació con múltiples deformidades congénitas a consecuencia de las cuales había tenido ya más de treinta operaciones. Inmediatamente sentí simpatía por esa mujer, sabiendo lo doloroso que debía de ser para ella; pero su forma de vivirlo era distinta. Ella veía el nacimiento de su hijo como el principio de su propia experiencia espiritual. Cuando asistió a una reunión de madres de niños discapacitados, le resultó interesante comprobar que no reaccionaba como las otras madres. Nunca le echaba la culpa a nadie, nunca se sentía como una víctima, nunca se preguntaba «¿por qué?». Ahora su hijo tiene dieciocho años y está en la universidad. Judith ha aprendido mucho en el proceso de criar a su hijo. Cuando piensa en la experiencia, se siente agradecida porque ha sido un aspecto muy positivo de su vida. Su historia es un hermoso ejemplo de cómo es posible mantener la estabilidad en medio de las dificultades de la vida y de cómo la forma en que percibimos las circunstancias determina cuánto estrés sentimos.

¿QUÉ ES EL ÉXITO?

John, Edd y yo estábamos comentando el libro con nuestro editor, que quería saber si le ayudaría a la gente a tener éxito.

He pensado mucho en esta pregunta, porque en mis sesiones de *coaching* suelo pedirles a los clientes que definan lo que significa el éxito para ellos. Veo que la mayoría han sido educados para pensar en él de una forma determinada. Algunos creen que el éxito se puede medir con dinero, poder e influencia; otros por una vida familiar feliz; otros por destacar en sus profesiones.

¿Qué significa para ti tener éxito? Piensa en qué medida ese significado lo ha creado la sociedad y en qué medida lo has creado tú. Tómate un momento para reflexionar sobre el objetivo que estás persiguiendo en nombre del éxito. La claridad acerca de tu objetivo sirve de orientación para todas las decisiones de tu vida. Sin claridad puedes terminar persiguiendo metas que no se correspondan con tus verdaderos deseos y perdiéndote mientras lo haces.

Una vez di una conferencia a directores de empresa y expertos en educación. Cuando terminó, un director, Jim, estaba llorando con la cabeza entre las manos. La gente empezó a agruparse a su alrededor para consolarlo y ofrecerle consejo. Viendo el desconcierto que se estaba creando, me acerqué a Jim y le pregunté si le gustaría dar un paseo.

—Sí —dijo con un tono de alivio.

Caminamos en silencio durante un tiempo hasta que finalmente le dije si le importaría contarme a qué se debían las lágrimas.

—Miedo —dijo.

Le pregunté si quería hablar sobre eso y al principio contestó que no. Seguimos caminando en silencio, y finalmente me dijo:

—De acuerdo, te voy a contar a qué le tengo miedo. En esta vida he conseguido todo lo que me he propuesto. Lo que me da miedo es que seguiré haciéndolo hasta el final y terminaré muriéndome sin llegar a saber quién soy.

Su declaración me dejó impresionado.

—Es uno de los motivos más nobles que he oído nunca –le dije–. Pero el hecho de que te dé miedo también significa que sientes la necesidad o el anhelo de saber quién eres, y a esto le puedes sacar partido. Si te tomas en serio esa necesidad, te guiará hasta tu objetivo.

En la historia de Jim se establece una clara distinción entre dos tipos de objetivos, externo e interno. Él tenía plena confianza en poder conseguir cualquier objetivo externo que se marcara, pero no estaba tan seguro acerca de lograr sus objetivos internos, y esto le angustiaba terriblemente.

¿Existe un conflicto inherente entre el éxito exterior y el éxito interior? No lo creo. He visto a gente muy rica que no se siente en absoluto feliz ni satisfecha. He visto a gente pobre, que exteriormente no ha tenido éxito, con el rostro sonriente y un brillo de satisfacción en los ojos. De la misma manera, hay gente rica que es feliz y gente pobre que no lo es. Yo pienso que el éxito externo y el interno son dos cosas totalmente independientes. No hay ningún motivo para que no podamos perseguir ambos objetivos.

Cuando examinas tus objetivos externos, descubres que no son fines en sí mismos. Podrías preguntarle al presidente de Estados Unidos por qué quiere lograr un determinado objetivo. Probablemente te contestaría algo así: «Para poder causar un gran impacto en mi país y en el mundo entero». Y si le preguntaras qué obtendría si consiguiera eso, te diría: «Me causaría una profunda satisfacción». Del mismo modo, si le preguntaras a un rico qué espera conseguir con su riqueza, te diría que, en último término, lo que quiere es una sensación de libertad y seguridad. En ambos casos, y en muchos otros a los que podrías aplicarles la misma prueba, seguramente descubrirías que, a fin de cuentas, lo que nos hace buscar el éxito externo suele ser el deseo de un estado interno como la felicidad, la satisfacción, la seguridad, la libertad o la paz.

El éxito exterior trae lo que trae. Tanto los medios para lograr el objetivo como el objetivo en sí pueden brindarnos valiosas recompensas internas y externas. El éxito interno se mide por medidas internas. Solo la persona sabe si lo ha logrado, porque se trata de la manera en que uno se siente.

Por eso mi respuesta al editor fue que sí, que este libro ayudaría a la gente a tener más éxito, y posiblemente a crear su propia definición de éxito.

EL REGALO

Me entristece pensar en los momentos de mi vida en los que no he sido capaz de aceptarme como soy. A veces el fallo fue mi tendencia a inclinarme hacia lo que podría llamarse el lado oscuro. En otras ocasiones, mi falta de disposición para aceptar el lado luminoso. De niño me inculcaron que estaba bien admitir nuestras faltas. Sin embargo, reconocer, sobre todo ante los demás, esa parte de ti mismo que te gusta y de la que te sientes orgulloso, eso era totalmente inaceptable. Me enseñaron que mencionar lo atractivo, los dones que poseemos, lo que nos hace realmente únicos era egoísta y vanidoso. El coste de esta concepción fue que terminé familiarizándome más con el aspecto negativo que con el positivo y cargando constantemente con la tarea de transformar el uno en el otro. Había que mudar lo malo en bueno, lo débil en fuerte, lo incompetente en competente, lo aburrido en divertido. Estaba rodeado de idealismo y creía que el propósito de la vida era estar a la altura de esos ideales que yo, o alguien más, había creado. La verdad es que se trata de un juego muy estresante. No te hace sentir bien, y pasado un tiempo se vuelve aburrido y tedioso.

He descubierto que la única manera de salir de este juego es excavar en profundidad bajo todo el idealismo y descubrir quien soy. Cuando estoy atrapado en el juego de «intentar cambiar quien soy», resulta muy difícil ver que soy perfecto tal y como soy ahora. Suspiro aliviado al pensar que de niño ya era un ser maravilloso, como lo son todos los niños. Debajo del idealismo he descubierto una sed natural de saber, de apreciar, de admirar, de disfrutar. Viene a mí como un deseo innato, al contrario que esos ideales en los que creí. Es un deseo de saber quien soy, quien he sido siempre. Es un deseo de aceptar las posibilidades que tengo como ser humano. No es un juego. Es real. Está basado en hechos. Estoy vivo. Estoy respirando. Y quiero liberarme de los juegos a los que juega la gente en el campo de la opinión pública. Quiero una relación con el ser que soy, tal y como fui creado. Deseo recordar que este regalo de la vida es limitado, y quiero sacar el mayor provecho del tiempo del que dispongo.

Hay algo en mí que dice: «Bueno, no tiene nada de especial, todo el mundo está vivo y respirando. No tiene tanta importancia». Pero luego, en momentos de tranquilidad, comprendo que *sí* tiene mucha importancia, para mí y para todos. No estoy aquí para competir con los demás, sino para descubrir y explorar la gran importancia de estar aquí. La gran importancia de respirar. La gran importancia de ser capaz de amar, sentirse contento de estar vivo, estar agradecido y, simplemente, disfrutar.

Cuando era pequeño a menudo pensaba en cómo iba a ser mi muerte. Mi imaginación me transportaba a un lugar en donde Dios me decía algo como: «Bien, Tim, has vuelto. Vamos a ver, te pusimos en la Tierra en 1938 en San Francisco, segundo hijo de una familia de clase media alta. Tuviste los mejores estudios, mucho talento y grandes oportunidades. Y durante el tiempo que viviste el mundo estuvo lleno de problemas terribles. –Luego venía la gran pregunta–: ¿Qué hiciste para solucionarlos?». Siempre me preocupó no poder estar a la altura.

Cuando tenía treinta y tantos años, mi imaginación tomó una ruta diferente. No había puertas celestiales ni ángeles, solamente Dios y alguien más, charlando mientras yo los escuchaba. Dios decía:

—¿Cuánto tiempo empleamos para hacer este planeta Tierra? Miles de millones de años, ¿verdad? ¿Y cuánto tardamos en desarrollar el cuerpo humano? Millones y millones de años, creo recordar. Nos esforzamos muchísimo. –Mirándome, Dios decía–: Te dimos uno de esos cuerpos humanos. No un murciélago, ni un gusano, ni un hipopótamo, sino el diseño más avanzado en uno de los planetas más avanzados, junto a otros seres humanos. –Y ahora venía la nueva gran pregunta–: ¿Qué te ha parecido? ¿Y qué es lo que más te ha gustado?

Me veía a mí mismo contestando:

—¿Qué me ha parecido? La verdad es que no tuve tiempo para disfrutarlo mucho. Estaba demasiado ocupado arreglando el mundo y arreglándome a mí para ponerme simplemente a disfrutarlo.

Imaginando esta conversación, pensé: «Qué lástima. No entendí el propósito del regalo». Por supuesto, cualquiera que te haga un regalo quiere saber si te gustó, y si llegaste incluso a desempaquetarlo.

En último término el Juego Interior consiste en desempaquetar y disfrutar el regalo de la vida. A veces puede parecer difícil, pero en realidad es lo más natural del mundo. En el momento de nacer recibimos maravillosas aptitudes para la conciencia, la alegría, la paz, la libertad y otras innumerables capacidades. Vernos usar y disfrutar esos dones es todo lo que podría desear quien nos los regaló.

Apéndice A

Notas médicas.
Preguntas y respuestas sobre el estrés, el cerebro y la salud

Doctores John Horton
y Edward Hanzelik

*¿Q*ué sucede en el cuerpo cuando experimentamos estrés? El cerebro percibe una amenaza y alerta a la amígdala o al hipocampo, que junto con el hipotálamo, estimulan al sistema nervioso simpático, la glándula pituitaria y las glándulas suprarrenales (localizadas sobre los riñones). El efecto es la producción de las hormonas básicas del estrés, la adrenalina y la cortisona.

Como resultado de esta actividad hormonal, aumentan la frecuencia cardiaca y la presión sanguínea, y la sangre se dirige principalmente a los músculos. Todo esto es en preparación para la lucha o la huida. Si se produce una reacción de parálisis, ocurre lo contrario: la presión sanguínea y la frecuencia cardiaca disminuyen.

El sistema digestivo también interviene. El cuerpo entiende que se trata de una situación de vida o muerte y no hay tiempo para digerir la comida. Por eso desactiva el proceso digestivo, reduciendo el flujo sanguíneo y disminuyendo las enzimas digestivas y la saliva. El sistema inmunitario se contrae y se hace menos activo. Las funciones sexuales y reproductivas también disminuyen durante periodos de estrés crónico.

El cuerpo es muy inteligente. Sabe qué tiene que hacer para reaccionar ante una crisis temporal. Pero esta actividad se supone que debe tener una duración muy corta. Si la reacción de estrés continúa y se hace crónica, lo que era una actividad protectora se vuelve perjudicial.

¿Cómo sé si me está afectando el estrés?

La mayoría de la gente puede sentir cuándo se encuentra bajo estrés. Ven situaciones que son difíciles para ellos y para las que no hallan soluciones fáciles. Pueden sentir cómo sus cuerpos se ven afectados por el estado de incertidumbre que están experimentando.

El sistema del estrés se activa automáticamente, sin posibilidad de elección. Si estás en una situación estresante, como por ejemplo sentado en la sala de reconocimiento esperando a que venga el médico, la respiración se te acelera y comienzas a transpirar, especialmente por las axilas. ¿Por qué? En previsión de la posible amenaza de lo que el médico te hará o te dirá, se liberan las hormonas del estrés y te preparas para luchar o huir. El cuerpo, previendo que crearás mucho calor durante la lucha o la huida, está produciendo ya sudor para enfriarte.

¿Por qué me siento mal cuando tengo estrés?

Tu cerebro inconscientemente interpreta muchas situaciones sencillas como amenazas a tu existencia, por ejemplo una desavenencia con tu pareja, un hijo comportándose mal, o incluso pensamientos sobre ti mismo o sobre algo distinto.

Todos estos factores estresantes pueden poner en marcha la misma reacción de estrés de la que los animales dependen para sobrevivir a ataques mortales. Los seres humanos por lo general no luchan ni huyen, por eso la activación crónica del sistema del estrés provoca una acumulación de hormonas de estrés que causa que la función básica de mantenimiento de la salud quede en estado de espera. Los sistemas inmunitario, digestivo, reproductivo y hormonal reducen su actividad al mínimo mientras el cuerpo se tensa para luchar por su vida.

Puedes imaginar que un desequilibrio químico de este calibre te hará sentir mal y causará muchos síntomas. Debido al malestar, la gente trata de sentirse bien usando sustancias como cigarrillos, alcohol, cafeína, comida, azúcar, medicamentos o drogas, lo cual, por supuesto, solo empeora las cosas.

Según el doctor Phil W. Gold, antiguo director de psiconeuroendocrinología del Instituto Nacional de Salud Mental, el sistema del estrés está ligado a las emociones. Las amenazas, la frustración de las necesidades y el dolor desencadenan este sistema. Es posible ignorar las emociones negativas porque no le vemos una salida al estrés o porque nos han enseñado a «tragárnoslas». Podemos racionalizar por qué deberíamos ignorar el malestar. Desgraciadamente, mientras nos sintamos mal y el sistema del estrés permanezca activo, experimentaremos consecuencias físicas, mentales, emocionales y sociales.

¿Cuáles son los síntomas del estrés crónico?

El estrés crónico puede afectar a cualquier aspecto del cuerpo. Entre los síntomas se cuentan tensión en los músculos —especialmente en la base del cuello—, perturbaciones digestivas, dolores de cabeza, menstruación irregular, palpitaciones, dolores en el pecho, irritabilidad, baja actividad sexual, deterioro de la capacidad intelectual, erupciones cutáneas, trastornos del sueño y cansancio. Aparte de esto, también puede empeorar cualquier enfermedad subyacente, entre ellas diabetes, hipertensión, artritis e infecciones, por citar solo algunas. Además, la persona que experimenta estrés tiene tendencia a desatender el cuidado de sí misma, lo que a su vez intensifica estos problemas.

Pero ¿no necesitamos la respuesta lucha-huida-parálisis para sobrevivir? ¿El estrés no es bueno a veces?

En la mayoría de las ocasiones los catalizadores de la reacción de estrés en los seres humanos no son situaciones que pongan en peligro la vida. Los peores miedos, frustraciones y dolor son provocados prácticamente en su totalidad por nuestro creador de estrés interno, y en estos casos las respuestas de lucha, huida y parálisis no nos sirven.

A. T. Simeons, alumno del pionero del estrés Hans Selye, escribió en 1961: «La reacción lucha-huida es un mecanismo anticuado que no ha evolucionado a la par del desarrollo de la mente humana». Por supuesto, el sistema del estrés tiene su razón de ser. Si estás inmerso en una actividad difícil, como bajar esquiando por una pendiente o hablar en público, se activará y te ayudará a prepararte para el desafío. Tu visión y tu pensamiento se volverán más claros. Tu cuerpo se preparará para lo que se espera de él. O si te encuentras en una situación que verdaderamente pone en peligro tu vida, como un incendio doméstico, el sistema del estrés movilizará rápidamente tus recursos para salvarte la vida. En estas situaciones el estrés es bueno, pero se trata de un porcentaje mínimo de los factores estresantes con los que nos enfrentamos. Tan pronto como el estrés se vuelve crónico y persistente, el desequilibrio bioquímico a que da lugar interfiere en la salud, el rendimiento y la claridad mental.

¿El estrés puede provocar una enfermedad?

Está claro que el estrés abre la puerta a muchas enfermedades, pero no se ha conseguido probar que sea la causa única de ninguna de ellas. Los efectos directos del sistema del estrés (elevación del pulso, la presión sanguínea y el nivel de azúcar en la sangre) pueden provocar o empeorar la hipertensión, la diabetes, las arritmias y los trastornos cardiacos en individuos propensos. La cortisona se opone a la insulina, lo que empeora el síndrome metabólico, ocasionando aumento de peso, colesterol alto y enfermedad coronaria. Muchas dolencias digestivas pueden ser provocadas por el estrés, entre ellas el colon irritable, la colitis, las úlceras y el reflujo ácido. La supresión del sistema inmunitario por el estrés te vuelve más propenso a las infecciones, incluso al resfriado común, e interfiere en la recuperación normal.

Con el tiempo se produce un cansancio de las glándulas suprarrenales y el sistema inmunitario puede volverse excesivamente activo, dando lugar a alergias o trastornos autoinmunitarios como el lupus y la artritis reumatoide. El impacto en los huesos agrava la osteoporosis y retrasa el crecimiento en los niños. El cansancio crónico y la fibromialgia se incrementan con el estrés, lo mismo que los problemas respiratorios como el asma. Los trastornos psicológicos como la depresión, la ansiedad, el desorden obsesivo compulsivo y el alcoholismo también se ven altamente influenciados. El estrés crónico distorsiona claramente el funcionamiento y el equilibrio normales de los sistemas corporales.

Si reduzco mi nivel de estrés, ¿mejorará mi salud o se curará mi enfermedad?

Reducir el estrés mejora la salud. Las dolencias son más fáciles de tratar. Como generalmente las enfermedades tienen otras raíces además del estrés, en la mayoría de los casos el hecho de aliviar este no es suficiente para curarlas, pero facilitará la curación. Recurrimos a actividades específicas para mejorar nuestra salud y prevenir la enfermedad, entre ellas una mejor nutrición, ejercicio, un buen sueño, evitar sustancias nocivas y someterse a chequeos médicos periódicos. Según nuestra experiencia, reducir o evitar el estrés afectará a estos factores, y es tan importante como cada uno de ellos para evitar la enfermedad y promover la salud.

¿Qué pruebas científicas sustentan el enfoque del Juego Interior?

El campo de la neurobiología está ayudando a proporcionarnos un conocimiento más profundo del cerebro y la mente humanos. Las funciones del córtex prefrontal, descritas por Daniel Siegel en *The Mindful Brain*, abarcan la regulación corporal (equilibrio de los sistemas nerviosos simpático y parasimpático), el ajuste de la comunicación (coordinación de la información de tu mente con la de los demás), el equilibrio emocional, la flexibilidad de respuesta (capacidad de detenerse antes de la acción: la raíz de la herramienta del STOP), la empatía (raíz de la herramienta de la transposición), el entendimiento (conciencia de uno mismo), el control del miedo, la intuición (acceder a formas profundas de conocimiento) y la moralidad (lo que es mejor para todos y no solo para uno mismo).

Se ha comprobado que estos centros cerebrales mantienen su capacidad de crecer hasta el último día de nuestras vidas. El Juego Interior se centra en los múltiples recursos que forman parte de nuestro «hardware» y nos ofrece herramientas que nos permiten incrementar el acceso a estos recursos. Las investigaciones científicas están confirmando tanto la existencia de dichos recursos como nuestra capacidad de incrementar el acceso a ellos.

¿Pueden los recursos internos vencer al estrés?

Hay una gran cantidad de estudios interesantes que demuestran la necesidad de amar, uno de los principales recursos internos. Rene Spitz, pediatra francés, hizo un descubrimiento importante cuando a finales de la Segunda Guerra Mundial trabajaba en un orfanato galo en el que un gran número de niños morían durante el primer año de vida. El orfanato quería que el doctor Spitz encontrara el agente infeccioso que estaba causando las muertes, pero no pudo hallar ninguno. De hecho, la higiene de los niños era buena. Sin embargo, observó que las cuidadoras no tomaban en brazos a ninguno de los niños ni jugaban con ellos. Todo lo que hacían era cumplir las tareas que se les habían asignado. Cuando el doctor les pidió a las cuidadoras que demostraran afecto y jugaran con los niños, las muertes dejaron de producirse.

Harry Harlow, psicólogo estadounidense, hizo un experimento que confirma las observaciones del doctor Spitz. Crió a unos primates con sus verdaderas madres y a otros con «madres sustitutas» artificiales. Estas últimas habían sido diseñadas para tener exactamente el mismo tamaño que las madres reales. Tenían cuerpos de alambre cubiertos por telas y botellas donde debían estar los pechos para que las crías pudieran alimentarse. Los monos «criados» por las madres artificiales no podían socializar y presentaban numerosos problemas de comportamiento. Los criados por las madres reales socializaban con normalidad.

Recientemente en el Instituto Nacional de Salud se llevó a cabo un estudio con simios Rhesus que demostró que las madres con ansiedad criaban a hijos ansiosos que no se integraban bien en el grupo. Para descubrir si la causa de este comportamiento estaba en los genes o en la crianza, los investigadores se llevaron a algunas de las crías y se las entregaron a madres que no tenían ansiedad, con lo que tampoco la mostraban al llegar a adultas. Los defensores de los animales han protestado contra estos estudios, sosteniendo que las conclusiones resultaban obvias.

Norman Cousins describió en su libro *Anatomía de una enfermedad* el gran potencial de otro recurso interno, el humor. Enfrentado a una enfermedad que podía ser mortal, se dedicó a ver películas cómicas y a pasarse el día riendo a carcajadas. Lo extraordinario del caso es que, gracias a esto y a otros tratamientos naturales, llegó a recuperarse de su dolencia, tras lo cual le ofrecieron el cargo de profesor adjunto de humanidades médicas en la Facultad de Medicina de la UCLA para enseñar acerca de esta experiencia.

Al pensar en los distintos sistemas nerviosos, tiene lógica el hecho de que cuando los niños crecen con mucho estrés (especialmente con abusos, violencia, ira, distancia emocional o abandono), las partes más primitivas de sus cerebros dominen sus reacciones. Cuando, por el contrario, crecen en entornos en los que predomina el amor, la risa y los cuidados, hay más oportunidades de que sus sistemas nerviosos se desarrollen de manera saludable. Para tener un sistema nervioso sano, los niños necesitan cuatro cosas: una base de cuidados físicos y protección, que disfrutemos con ellos y los valoremos, amor auténtico y que los veamos como seres únicos. ¿No se producirían muchos menos delitos, abuso de sustancias y enfermedades mentales si los adultos y las sociedades se hicieran cargo de satisfacer estas cuatro necesidades?

¿Qué papel juega la esperanza, otro de los recursos internos?

«La esperanza es una de nuestras emociones centrales, pero con frecuencia no sabemos cómo definirla —escribe Jerome Groopman en su libro *The Anatomy of Hope*—. Muchos confundimos esperanza con optimismo, una actitud predominante de que 'todo saldrá bien'. Pero la esperanza es distinta del optimismo. La esperanza no surge porque nos digan que hay que 'pensar positivamente', ni por escuchar unas predicciones maravillosas sobre el futuro. La esperanza, al contrario que el optimismo, hunde sus raíces en la realidad pura.» Podemos decir por experiencia que todos los recursos internos hunden sus raíces en la realidad pura.

¿Qué sucede con el estrés postraumático?

Con frecuencia, las experiencias traumáticas o estresantes de la infancia se transforman en una fuente oculta de estrés en los adultos. Como el recuerdo es tan doloroso o como la experiencia sucedió a una edad tan temprana, se suele reprimir y permanece escondido para la memoria consciente.

La biología del estrés postraumático es diferente de la del estrés crónico. La hormona del estrés agudo es la adrenalina. Funciona rápidamente activando nuestros cuerpos para que puedan reaccionar de forma extrema ante una amenaza grave. Las reacciones causadas por la adrenalina nos hacen sentir mal y nos empujan a actuar para resolver la situación. La hormona del estrés crónico es la cortisona, igualmente producida por las glándulas suprarrenales. Moviliza los recursos corporales para una gran carga de estrés. Algunas de las enfermedades más comunes relacionadas con este, como la depresión y el síndrome metabólico, están asociadas a altos niveles de cortisol.

Puede ser que en el estrés postraumático la reacción de la adrenalina continúe y la de la cortisona no se produzca o no sea capaz de imponerse a la sensación de una amenaza inmediata. Sabemos que en el estrés postraumático, la reacción de la adrenalina se puede activar por circunstancias que le recuerdan al individuo el suceso original que causó el trauma. Algunos ejemplos podrían ser un ruido fuerte en el caso de un superviviente de un combate, o un hombre desconocido y agresivo, en el de la víctima de una violación. En el caso de traumas originados en la niñez temprana, a veces los detonantes pueden estar ocultos pero aun así provocan reacciones serias.

Parte del mecanismo del estrés postraumático es la descarga de la amígdala, que activa muchos circuitos reactivos en nuestro cerebro pensante. No podemos influir en esta activación pensando porque sucede demasiado rápido.

Tratar el estrés postraumático es verdaderamente difícil. El doctor Horton, tras ver en su consulta a varios pacientes que lo sufrían, creó un taller centrado en la sanación natural de las heridas emocionales.

El taller se dedicaba a encontrar remedios potenciales para estas experiencias. El doctor Horton les pedía a los participantes que pusieran cada posible remedio en alguna de las tres cajas siguientes: la primera para aquello que era siempre beneficioso para todo el mundo, la segunda para aquello que no era beneficioso y podía ser perjudicial, y la tercera para aquello que era relativo: podía ser beneficioso o perjudicial dependiendo de la persona y las circunstancias. Los grupos reconocieron cinco elementos que consideraban que siempre resultaban curativos para todos: el amor, comprenderse a sí mismo, comprometerse a mejorar, la esperanza y la aceptación de los regalos de la vida. Esta conclusión es coherente con el enfoque del Juego Interior. La noción de que tenemos recursos inherentes que no pueden ser perturbados ni destruidos por el trauma es real y nos infunde esperanza.

Solucionar el estrés postraumático implica un gran proceso de redefinición. La sanación comienza cuando comprendemos y aceptamos que las reacciones de estrés vienen determinadas por asociaciones con circunstancias del pasado que no es posible cambiar. Las reacciones y el ser son dos cosas diferentes. Sabiendo esto, los recursos interiores pueden llegar a ser buenos amigos, que nos ayudan a empezar a percibir la vida como una experiencia de aprendizaje y dicha.

¿Y si el estrés del pasado ha dejado un efecto duradero en el cuerpo?
El estrés sufrido en la infancia puede cambiar la estructura del cerebro de manera que la amígdala reaccione en mayor medida ante los factores estresantes. En muchos casos reajusta el sistema nervioso de la persona. A menudo el cuerpo presenta síntomas que ha acumulado tras años de soportar cada vez más estrés. Las herramientas del Juego Interior pueden ayudar a empezar el proceso de subsanar los efectos nocivos del estrés que el organismo sufrió en el pasado.

Hay otros muchos enfoques que resultan beneficiosos, entre ellos el masaje, la medicina china tradicional —con la acupuntura—, los suplementos nutricionales, la meditación, el ejercicio, el yoga, la psicoterapia y los medicamentos. El doctor Herbert Benson escribió sobre la respuesta de la relajación, una tendencia innata del cuerpo a relajarse, estimulada por una serie de técnicas simples de meditación. Cuando los individuos utilizan lo más sobresaliente de la medicina moderna y de la medicina integrativa y lo combinan con los mejores cuidados personales, es posible obtener resultados increíbles. El aprendizaje individual es la clave, porque cada persona es única y no existe un modelo válido para todos.

Además, en la niñez, aprendemos a través de las llamadas neuronas espejo, es decir, reflejamos o copiamos lo que vemos en nuestra familia y en nuestra cultura. También podemos reflejar o copiar las emociones y pensamientos internos de quienes nos influencian. Los nuevos modelos médicos del cambio psicológico se centran en la plasticidad neuronal, que permite el crecimiento de nuevos circuitos, en cualquier momento de la vida, que trascienden las experiencias pasadas.

¿Los hombres y las mujeres reaccionan igual ante el estrés?

Estudios recientes sugieren que los machos y las hembras de varias especies reaccionan al estrés de distinta forma. En lugar de luchar o huir, la respuesta de las hembras podría describirse como «cuidar y hacer amistad». Esto se ve como una respuesta evolutiva para protegerse a sí mismas, utilizando sus puntos fuertes de trabajar juntas y cuidar a los demás.

Con frecuencia la percepción de los factores estresantes también puede ser distinta en las hembras y en los machos; en el caso de los humanos, las mujeres suelen ser más conscientes de los elementos estresantes más sutiles de la comunicación y los sentimientos. Otra diferencia es que las mujeres, cuando están estresadas, pueden concentrarse en los detalles de la situación mientras que los hombres tienden a tomar una perspectiva más amplia y filosófica del asunto. Esto puede causar conflictos entre hombres y mujeres: ellos piensan que las mujeres se pierden en los detalles y no son capaces de ver «el cuadro general», mientras que ellas ven a los hombres como poco prácticos y ensimismados.

El Juego Interior es un terreno común para ambos sexos. Tenemos las mismas capacidades inherentes y las mismas sendas interiores hacia la sabiduría por desarrollar. En nuestros talleres vemos tanto a hombres como a mujeres que pasan de vivir centrados en los aspectos externos del estrés a prestarle atención al Juego Interior, aumentando así su capacidad de construir estabilidad y evitar la pérdida de equilibrio.

Esperamos que hayas comprendido que, cuando se trata del sistema del estrés, la elección está en tus manos. Puedes aceptar su activación automática o puedes hacer el esfuerzo de responder desde tu claridad y sabiduría interiores. Todos y cada uno de nosotros tiene las cualidades que necesita para conseguir esa estabilidad interna que nos permite mantener el equilibrio en medio de las dificultades de la vida. Sabemos que dejar que la respuesta del estrés nos domine y nos agite conduce a la enfermedad, la falta de rendimiento y la infelicidad. Pero también sabemos que aprender a estar por encima de esas dificultades y construir nuestra estabilidad puede ayudarnos a desarrollar nuestro potencial y a disfrutar verdaderamente de nuestra existencia.

Apéndice B

Recursos del Juego Interior

Para aprender más sobre el Juego Interior, visita a la página web de Tim Gallwey: www.theinnergame.com.

El Juego Interior del estrés continúa la serie del Juego Interior de Gallwey. Otros títulos son:

El Juego Interior del golf, Editorial Sirio.
El Juego Interior del tenis, Editorial Sirio.
El Juego Interior del trabajo, Editorial Sirio.
Inner Skiing (Random House), edición de 1997 revisada.
The Inner Game of Music, con Barry Green, Random House, 1986.

BIBLIOGRAFÍA

Recomendamos los siguientes títulos para quienes quieran profundizar en el conocimiento del estrés y del potencial humano para superarlo.

Benson, H. (1975), *La Respuesta de la Relajación.*

Cannon, W. B. (1932), (revisado en 1939), *The Wisdom of the Body*, NY: Norton.

Eliot, R. S. y Breo, D. L. (1984), *Is it Worth Dying For?,* NY: Bantam.

Epícteto, *El Arte de Vivir.*

Groopman, J. (2004), *The Anatomy of Hope*, NY, Random House.

Kabat-Zinn, Jon (1990), Full Catastrophe Living, NY: Delacorte Press.

Leherer, P. M., Woolfolk, R. L. y Sime, W. E. (eds.) (2007), Principles and Practice of Stress Management (3ª ed.)NY: Guilford Press.

Sapolsky, R. M. (1998), *Why Zebras Don´t Get Ulcers*, NY: Barnes & Noble.

Seaward, B. L.(2002), *Managing Stress*, Sudbury, MA: Jones and Bartlett.

Selye, H.(1956, 1984), *The Stress of Life* (2ª ed.), NY: McGraw-Hill.

Siegel, D. J. (2007), *The Mindful Brain*, NY: Norton.

Siegel, D. J. (1999), *The Developing Brain*,NY: Guilford Press.

Agradecimientos

Son muchos los que nos han apoyado durante la creación de esta obra y les estamos enormemente agradecidos. En particular queremos dar las gracias a:

Catherine Whitney, que tomó la pasión y el conocimiento que le aportamos cada uno y los transformó en un libro del que los tres estamos orgullosos.

Jane Dystel, nuestra agente, que creyó en este libro y pacientemente nos alentó a crearlo.

Mark Tavani, nuestro editor de Random House, que trabajó con pasión y conocimiento, y dirigió el desarrollo de la obra.

Joan Swan, cuyas ilustraciones reflejan creativamente el espíritu de nuestra escritura.

Individualmente, estamos agradecidos a toda la gente que ha apoyado nuestra vida y nuestra labor.

TIM GALLWEY

Mi agradecimiento especial a:

Irene Gallwey, mi hermana mayor, por su apoyo, consejos y amor.

Mary Wishard, mi hermana menor, por su apoyo, consejos y amor.

Zach Kleiman, por su *coaching* especial dentro y fuera de la pista de tenis.

Valerio Pascotto, por su gran contribución y por su sólida amistad y cooperación.

Sean Brawley, mi amigo, por su apoyo y entusiasmo por este libro y por todos los aspectos del Juego Interior.

Leslye Deitch, por sus esfuerzos por hacer de este libro todo lo que podía ser.

Joe Fox, mi primer editor en Random House, por su fe en el Juego Interior.

John Horton y Edd Hanzelik, mis coautores, por su dedicación a este proyecto de equipo y su profundo impacto en mi comprensión de la estabilidad y el estrés.

Muriel Servais, mi querida amiga, por su continuo apoyo y acertados consejos.

Michael Bolger, mi amigo y consejero en todo lo relacionado con las finanzas.

Pete Carroll, por su respeto por el Juego Interior y su compromiso con su aplicación en el fútbol americano y en la vida.

Virginie Garro, cuyo *coaching* y amistad me ayudaron a superar momentos difíciles.

EDD HANZELIK

Mi agradecimiento especial y gratitud a:

Los queridos miembros de mi familia, cuyo amor y bondad llenan mi vida y que constantemente apoyan mi evolución como individuo, como médico y como autor: mi querida esposa, Lynne; mis hijos, Richard y Catharine; mi hermano y hermana, Carl y Naomi; mis nietos, Jessica y Austin, y mi biznieta, Liliana.

Prem Rawat, un amigo maravilloso que me ayudó a entender las posibilidades que tenía en mi vida y que me inspiró a descubrir mi estabilidad interior y profundizar en ella.

Mis coautores, Tim Gallwey y John Horton, de quienes he aprendido tanto y con quienes ha sido un placer crear esta posibilidad de reducir el estrés de la gente.

Mis colegas y personal, que son buenos amigos y han contribuido tanto a hacer de la práctica de la medicina un placer, entre ellos: Anil Daya, Jane McGuire, Judy Pickering, Terry Yingling, Pratibha Kumar, Henry Warszawsky y todos los demás.

Las fuentes de mi educación académica en la Universidad de Columbia, la Universidad de Medicina Albert Einstein y el Beth Israel Hospital de Boston, que siempre encontraron el equilibrio entre el conocimiento profundo de la medicina y una sincera dedicación a los pacientes. En particular, estoy agradecido al ejemplo inspirador de mi jefe de servicio médico, el doctor Howard Hiatt.

Los investigadores y escritores que definieron la naturaleza del estrés y su impacto sobre el funcionamiento humano, entre los que se encuentran Hans Selye, Walter Cannon, Robert Sapolsky, John Kabat-Zinn y muchos otros.

Los pioneros de la medicina integral a quienes conocí en los años setenta en la asociación Americana de Medicina Holística, que lideraron con gran valor el esfuerzo de transformar la manera en que se practica la medicina. En particular, quiero expresar mi reconocimiento al trabajo de Andrew Weil, Patch Adams, Bernie Siegel, Jeffrey Bland, Christiane Northrup y Deepak Chopra.

Y mis queridos pacientes y amigos, que me invitaron a entrar en sus vidas y me ayudaron a entender el arte de vivir. ¡Gracias a todos!

JOHN HORTON
Gracias a:

Las gentes de Lesotho y la India, que me mostraron cuando era un joven estudiante que era posible sentir la dicha interna.

Mis profesores de la Universidad de Columbia, en la Facultad de Estudios de Asia, que me ayudaron a entender las ricas posibilidades de una vida interior de sabiduría y plenitud, especialmente Donald Keene, William DeBary y Chiang Yee.

Mis profesores de la Facultad de Medicina de Duke, que me enseñaron el arte de la medicina y me alentaron a entender la mente y el cuerpo al tratar y diagnosticar la enfermedad, especialmente Sandy Cohen, Eugene Stead, Mort Bogdanoff, Fred Hines, Bernie Bressler, Hans Lowenbach y Edward Busse.

Mis amigos y colegas íntimos los doctores James Ballenger y Phil Gold, que han compartido conmigo sus descubrimientos sobre el estrés y sus maravillosas vidas y familias durante más de cuatro décadas.

Mi coautor, socio, médico y amigo Edd Hanzelik, que se ha mantenido a mi lado durante los buenos y los malos tiempos y que me inspira con su extraordinaria dedicación y sensibilidad.

Tim Gallwey, amigo fiel, maravilloso y dotado que creó el Juego Interior que beneficia a tanta gente. Él ha sido un remanso de paz durante la creación de este libro.

Mi actual grupo clínico y colegas, especialmente Anil Daya, Henry Warszawski, Pratibha Kumar, Jane Rollins, Jane McGuire, Judy Pickering, Terry Yingling, Claire Douglas, Gail Devlin y Darlene Plant.

El doctor Dan Siegel, por sus escritos y sus seminarios, que me mostraron las bases del Juego Interior en la neurobiología moderna.

Muchos pacientes y amigos, que me han animado, desafiado y enseñado mucho a lo largo de los años.

Mi hermana, Mary Jane; su marido, Stuart; mi sobrino, Zach, y mi sobrina, Chloe, que me han proporcionado apoyo y enseñanzas.

Y por último Stella y Domonique, que me quieren y soportan mi estrés.

Sobre los autores

W. TIMOTHY GALLWEY ha creado una serie de *bestsellers* sobre el Juego Interior, que ha establecido una nueva metodología para el desarrollo de la excelencia personal y profesional en gran variedad de campos. Durante los últimos veinte años Gallwey ha estado dando a conocer el enfoque del Juego Interior a empresas que buscan una mejor manera de gestionar el cambio. Vive en Malibú, California.

EDD HANZELIK, es especialista en medicina interna y durante más de treinta años ha practicado un nuevo enfoque en el cuidado de los pacientes. Ha trabajado con John Horton y W. Timothy Gallwey durante más de quince años en un intento de desarrollar una solución práctica para el estrés.

JOHN HORTON ha colaborado con W. Timothy Gallwey en la serie de libros del Juego Interior y con el doctor Edd Hanzelik en seminarios sobre estrés durante los últimos quince años.

Índice